息するたびにキレイやせ！

ブレストレッチ

吸って 吐いて カラダのサビとり！

トレーナー Yori

KADOKAWA

はじめまして
トレーナーのYoriです。

ダイエットしてもなかなかやせない体。ずっと抱えてきた慢性的な不調。いつの間にかついていた下腹のお肉や背中のたるみ。なのに、ふくらはぎや前もも、脚の筋肉はがちがちでなんだか筋肉質。いろいろ試してみてもぜんぜん理想の体に近づけない。実はこれ、呼吸が大きく関係していたんです。

多くの人がやせようとダイエットするのに、筋肉をつけようと筋トレを始めてみるのに、ゆがみを直そうと整体には通ってみるのに、呼吸を改善しようとは誰も考えない。

だけど、呼吸とダイエット、呼吸とボディメイク、呼吸と不調はふかーーーい関係があるんです。本書では体づくりのベースとなる呼吸から体を変える方法をお伝えしています。

私自身、運動は好きじゃない、ストイックにがんばり続けることも大の苦手です。

だけどゆるく、心地よく続けられる、そしてこれまでのダイエット法や筋トレに変わるメソッドはないものかと模索して考案したのが、この「ブレストレッチ」。ろっ骨の位置を整え、呼吸を改善することで、全身のサビを取り除くというものです。本書でいうサビとは、金属がメンテナンス

をおこたると黒くサビて、輝きを失うように、私たちの体もメンテナンスしなければ、本来の美しさや機能を失い、ボディラインの崩れた状態や不調のある体になってしまうこと。

現代人は呼吸が浅く、猫背で体ががちがち、慢性的な不調を抱えている人がほとんどです。だけど多くの人がそれに気づかないふり、もしくは当たり前のように過ごして、きちんとメンテナンスができていません。呼吸できる体になるためにはメンテナンスが必要です。本書ではそんな状態を金属がサビることに例えて、サビつきボディといっています。

「ずぼらな私でも変わった」＝「きっと誰でも体が変わる可能性を秘めている」、それがこのブレストレッチ。

正しい呼吸ができる体になるだけで、姿勢が改善し、美しい体になるのはもちろん、血行がよくなってむくみが改善し、便秘解消、こりや疲れ知らずなど、健康面でもよいことがたくさん。そして、メンタル的にも呼吸ができる体は、自律神経が整い、自分のご機嫌をコントロールできるようになり、毎日がよりよい方向へと変わっていきます。

一日に約2万回も呼吸をしている私たち。その呼吸1回1回の質を上げて、呼吸から体を変えるブレストレッチを一緒に体感してみましょう！

Yoriのダイエット
ボディメイクの黒歴史……

反り腰時代

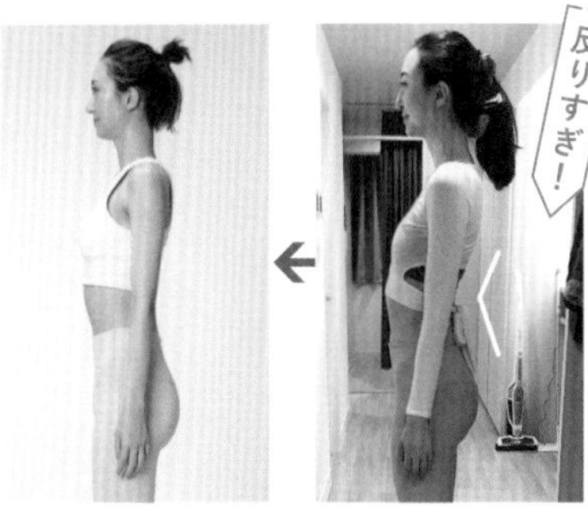

反りすぎ！

自分ではよい姿勢をつくっているつもりだったが、実は胸を張っているだけの隠れ反り腰。それによりデコルテが削れていて、巻肩。首は前に出ている。

＋10kg激太り時代

寸胴体型！

9年前の私。ストレスにより体重は今の＋10kg。服を着ていても下腹がぽっこりなのが隠せていない（涙）。また、首・肩こりからくる偏頭痛や、ひどい便秘に悩まされていた。

筋トレ時代

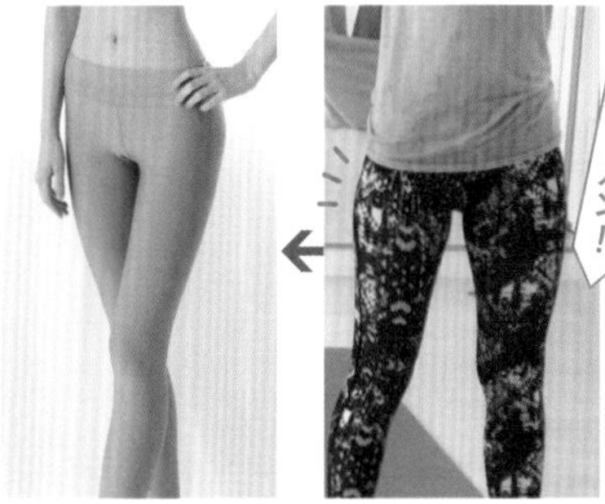

前ももパンパン！

10kgやせたあとだが、筋トレにより、脚だけに筋肉がついて前ももがパンパン。体重は減ったはずなのに激太り時代と見た目が変わらない。

ダイエッター時代

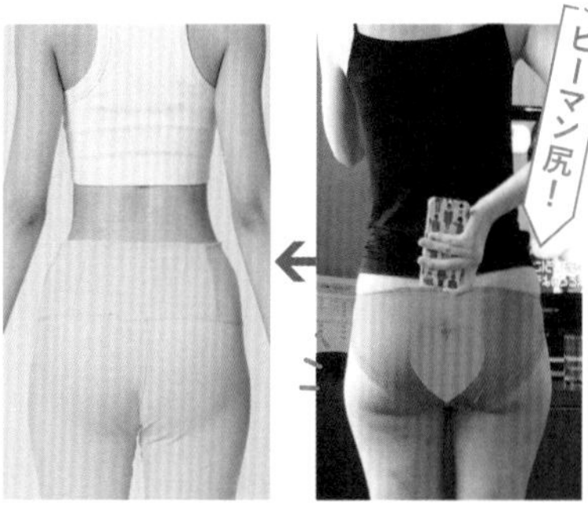

ピーマン尻！

THEピーマン尻。お尻のトップがくぼんでいて、下はたれている。裏もも全体のぼこぼことしたセルライトがひどいのもコンプレックスだった。背中もまるく、メリハリがない。

やせない！　くびれができない！

筋トレしても脚だけ細くならない！

食事制限してもおなかぽっこりが改善されない！

朝すっきり起きられない！　疲れが取れない！

ない、ない、ない……なーい！！

その悩みのすべて

呼吸

に原因があります。

正しい呼吸ができると

ダイエット、ボディメイク、

アンチエイジング、不調改善のすべてが叶います！

そのポイントは**ろっ骨**の位置を整えること。
ろっ骨の位置を整えることで、
酸素が体の隅々まで行き届くようになり
内から外からみるみる
やせやすい体に**変わっていきます**！

体本来の機能を取り戻す、それが
ブレストレッチ！
正しい呼吸ができる体になって
サビつきボディにお別れしましょう！

理想のボディになれないのは

呼吸が浅いから

見た目が老けこむ

呼吸が浅いと……

背中がまるくなり、お尻は四角く、だるまのようなシルエットに。また首が前に出て、フェイスラインがぼやつき、肌もくすみがちに。老化が加速してしまいます。

なにをしてもやせない

呼吸が浅いと……

酸素が全身に行き届かず、脂肪をためこみやすくなります。また筋トレをしてもアウターマッスルのみが使われ、女性らしいボディラインからは離れていくばかり。

体調がよくならない

呼吸が浅いと……

首や肩まわりの筋肉ばかりが過度に使われ、首・肩こりに。また自律神経のバランスも乱れがちになるので、心身ともにリラックスできず、寝つきの悪さや、だるさ、疲れが蓄積されていく一方です。

息するだけで体が変わる呼吸を身につけよう！

そもそも正しい呼吸とは？

近年、呼吸の重要性への認識が広がりつつあります。深呼吸をしましょう、たくさん吸ってたくさん吐きましょう、などのワードを一度は聞いたことがあるのではないでしょうか。しかし実際のところ、現代人は正しい呼吸ができていない人のほうが多いのです。

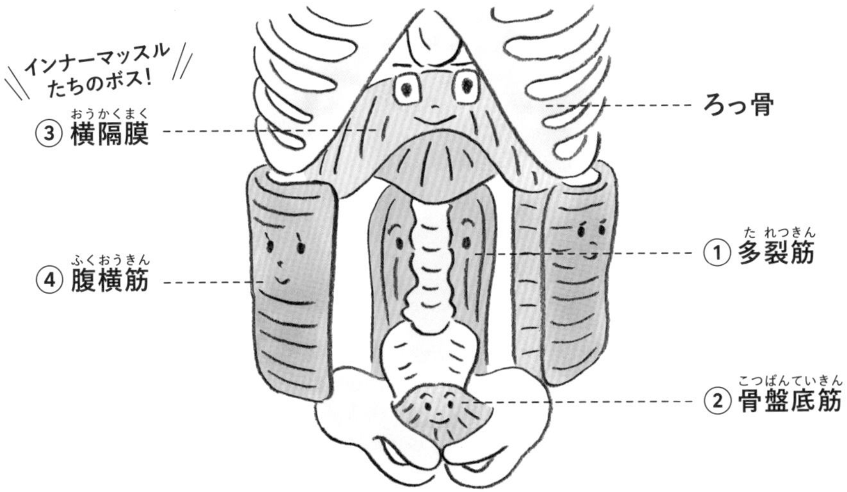

インナーマッスルたちのボス！
③ 横隔膜《おうかくまく》
④ 腹横筋《ふくおうきん》
ろっ骨
① 多裂筋《たれつきん》
② 骨盤底筋《こつばんていきん》

4つのインナーマッスル（パワーハウス）

① 骨盤から首まで背骨についている筋肉。家でいう柱のような重要な役割。
② 骨盤の底についているハンモック形状の筋肉。子宮や内臓を支えている縁の下の力持ち。
③ 呼吸をしたときにはたらく筋肉で、インナーマッスルたちのボス。
④ ろっ骨と骨盤をつなぐ筋肉。背骨以外に、骨がないおなかの部分を支える役割。

正しい呼吸は、横隔膜をしっかり上下に動かすこと。横隔膜はろっ骨の内側についているインナーマッスルで、この横隔膜の動きに連動して骨盤底筋、腹横筋、多裂筋もはたらきます。この４つを合わせてパワーハウスと呼び、力を合わせることで体幹（＝コア）が安定します。つまり横隔膜はインナーマッスルたちのボス！ 横隔膜がはたらかなければ、そのほかのインナーマッスルもはたらかないのです。そしてパワーハウスが使われなくなると、姿勢が崩れ、がちがちで太りやすい体に。横隔膜がはたらかないこと、これがサビつきボディの根源なのです。

ブレストレッチのここがスゴイ!

スゴイ 1 ダイエット効果がある!

運動や食事制限は一生続けられない

正しい呼吸は一生モノ!

脂肪燃焼と食欲抑制が叶う

ダイエットというとつらい食事制限や、きつい有酸素運動を思い浮かべる人も多いと思います。もちろんそれらは間違いではありません。ただ、脂肪を燃やすためには絶対に酸素が必要。しかし、呼吸が浅いと酸素が体に行きわたらず、太りやすい体になってしまいます。せっかくダイエットをがんばっていてもこれではもったいないですよね。また、正しい呼吸を身につけることで横隔膜の上下運動が大きくなって自律神経も整います。交感神経、副交感神経の切り替えがうまくできるようになれば、食欲抑制効果も。やみくもに食べる量を減らし、ある日突然食欲が爆発してしまうよりも、呼吸で自律神経を味方につけ、ダイエットとうまく付き合っていくほうがよっぽど効率がいいです。食べたくなったらひと呼吸してみましょう。

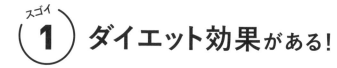

スゴイ 2 脚やせ効果がある！

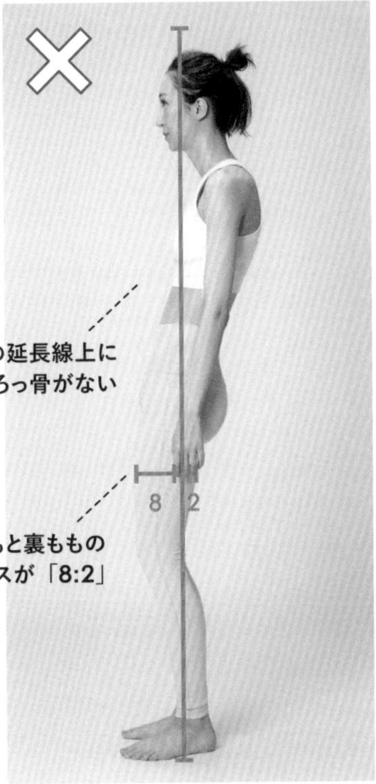
8
2
骨盤の延長線上に
ろっ骨がない
前ももと裏ももの
バランスが「8:2」

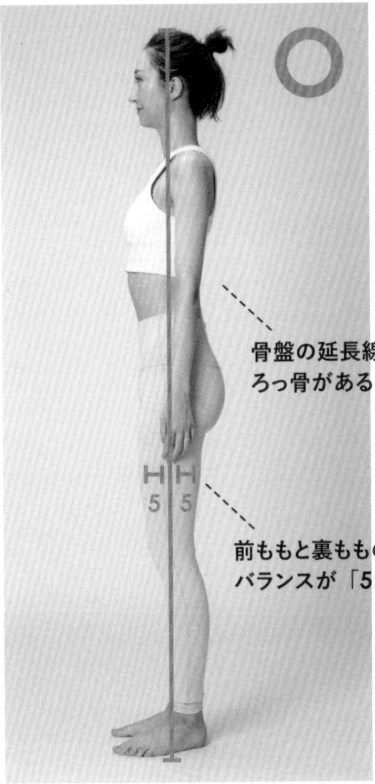
5
5
骨盤の延長線上に
ろっ骨がある
前ももと裏ももの
バランスが「5:5」

いろいろやるより、脚やせには呼吸！

脚やせのために筋トレしたり、エステや美容整体に通ったり…。また着圧ソックスなど脚やせをうたうものもたくさんありますよね。でもどれも効果は一時的。脚が太くなる原因は、実は脚にではなく、呼吸にあることがほとんどなのです。理想の体は骨盤の上にまっすぐろっ骨が乗って、 横隔膜がはたらいている状態。だけど、呼吸が浅いと、ろっ骨が開いてしまい、この位置関係が崩れます。これにより重心が変わり、前ももと裏ももの筋肉のバランスも崩れます。これがいろいろやってみても脚が細くならない原因。呼吸を変えて体の正しい使い方を手に入れれば、歩いているだけで脚がすっきり細くなります！

スゴイ 3 アンチエイジング効果がある！

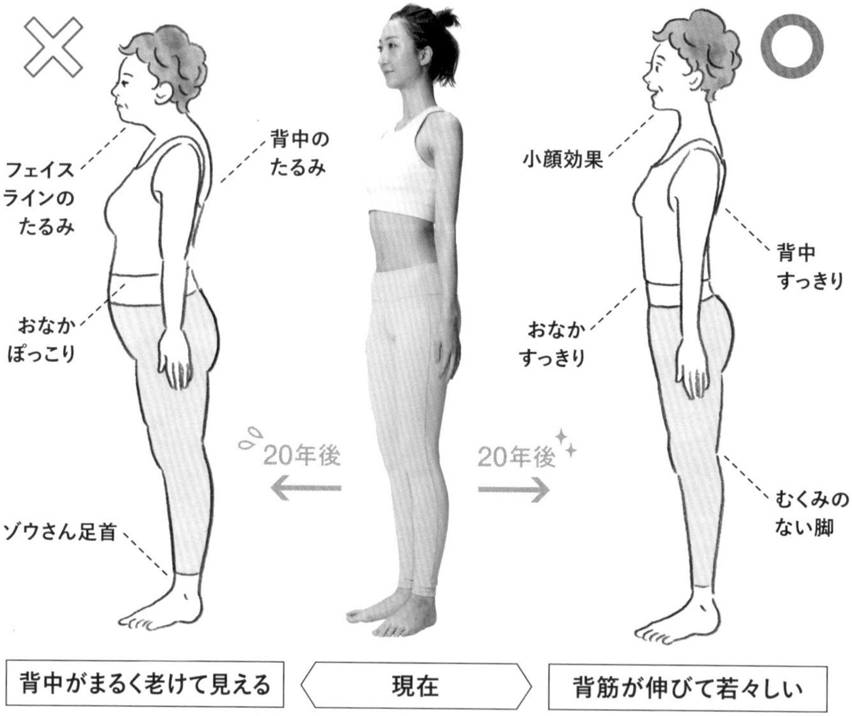

フェイスラインのたるみ
背中のたるみ
おなかぽっこり
ゾウさん足首
20年後
20年後
小顔効果
背中すっきり
おなかすっきり
むくみのない脚
背中がまるく老けて見える
現在
背筋が伸びて若々しい

正しい姿勢で若返る！

年齢を重ねていくと、長年蓄積された体のゆがみがサビつきボディとして見た目に顕著にあらわれます。体重はさほど変わっていないのに、なんだかシルエットがまるくなってきた、と感じる人もいるのではないでしょうか。その多くの人が猫背で、首が前に出ていて、バストは下がり、おなかを前に突き出していて、呼吸がとても浅いです。呼吸が正しくできている人は、体を横から見たときに、かかと〜骨盤〜ろっ骨〜肩〜頭がほぼ一直線で、背筋がシャンとしています。これが、横隔膜がしっかりはたらく理想的な姿勢。ブレストレッチをすると、正しい呼吸が身につくので姿勢が変わり、見た目が若返ります！

スゴイ 4 不調改善の効果がある！

効果1 もやもや！ 自律神経の乱れ

リラックスしているときは副交感神経、活発なときは交感神経がはたらきますが、横隔膜がはたらかないと、このスイッチの切り替えがうまくいきません。つまり呼吸が浅いと常に体は緊張していて活発モードなのです。これでは心も体も疲れてしまいますよね。ブレストレッチでは、呼吸を整えることで横隔膜のはたらきを促し、自律神経を整えます。

効果2 頑固な！ 便秘

横隔膜がはたらかないと骨盤底筋や腹横筋がゆるみ、それらに支えられている内臓は下垂してしまいます。すると腸の動きも鈍くなり、便秘がちに。ブレストレッチでは、インナーマッスルをしっかり使うから自ずと内臓も正しい位置に戻り、便秘が自然と改善されます。

効果3 しつこい！ 首・肩こり

呼吸が浅いと猫背になるので、肩甲骨の位置がずれてしまい、それによって肩まわりの筋肉が過度に緊張してしまいます。ブレストレッチをすると、まるで整体を受けたあとのように姿勢が整うから、もうしつこい首・肩こりとはサヨナラ！ マッサージにかけこむ必要はありません。

正しい呼吸で
横隔膜をはたらかせることで不調が改善！

サビ取り成功！

体験者のBefore & After

体が変わった4人の方の声を紹介します。

File.01 | りんちゃん | 43歳

After ← Before

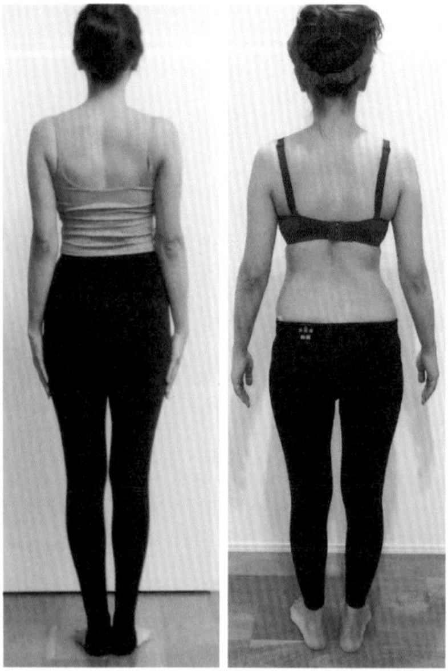

After ← Before

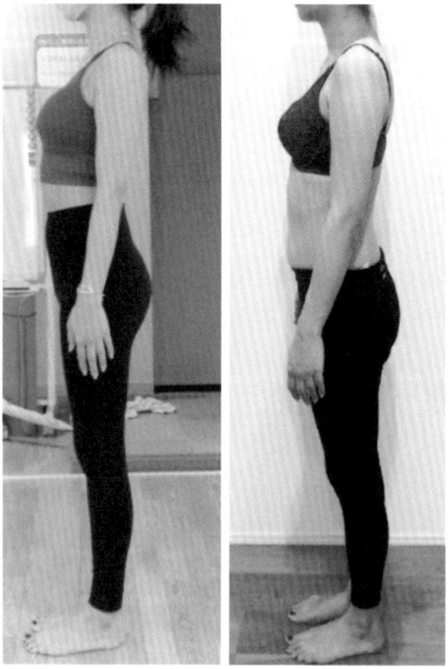

SUCCESS 40代とは思えない、若々しい体に大変身！

年齢を重ねるごとに太っていく自分に嫌気が差したのと、頚椎ヘルニアになったことをきっかけに体を変えようと決意。**朝のすきま時間を使ってコツコツと。すると少しずつ体が変わり、猫背、反り腰、たれ尻がみるみる改善！** 運動は大嫌いだし、継続することも苦手だし、ぜんぶ年齢のせいにして、もうあきらめるしかないと思っていました。だけど、こんな私でも変われました。かなりマイナス思考で、内にこもる性格でしたが、今ではいろんなことにチャレンジしたくなり、社交的になれた気もします。

File.02 | しの | 46歳

After ← Before

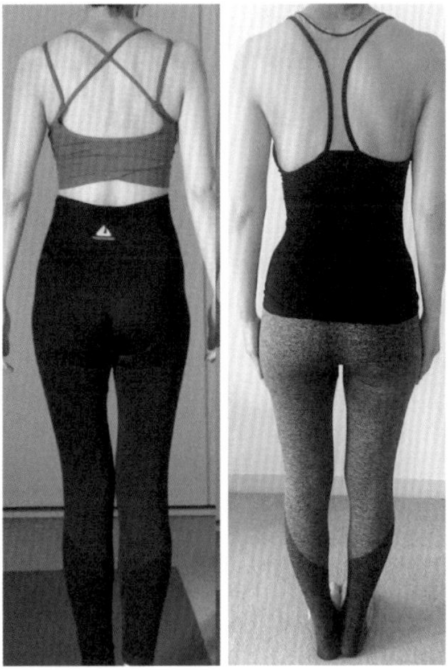

After ← Before

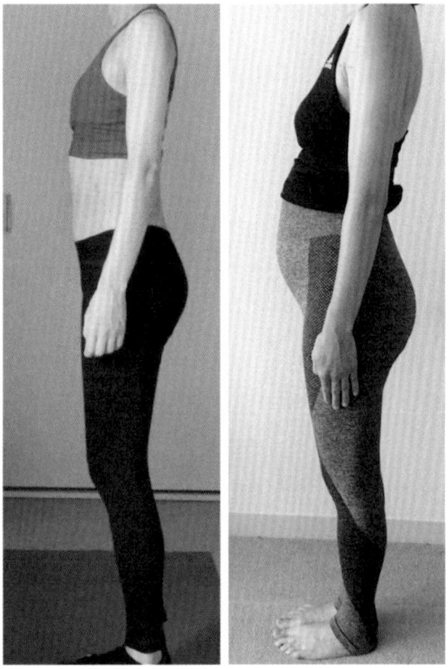

SUCCESS

鏡を見るたびにどんどんおなかがやせていく！

娘におなかを笑われたことをきっかけに体を変えようと決意！ 以前筋トレをしていたときは体の不調が増すばかりで、いろいろ試してみてもなにかが違いました。だけど**Yori先生のストレッチはちょうどよい負荷で、かつ体が変わるのを実感できるので心地よく続けられました。そのおかげでぷくっとなっていたおなかもこんなにすっきり！ 今ではくびれがあります。**年齢的にはこれから更年期に向かっていきますが、今後もメンテナンスを続け、この先の不安を払拭していきたいと思います。

サビ取り成功！

体験者のBefore & After

File.03 ｜ らぶべり ｜ 33歳

After ←―― Before　　After ←―― Before

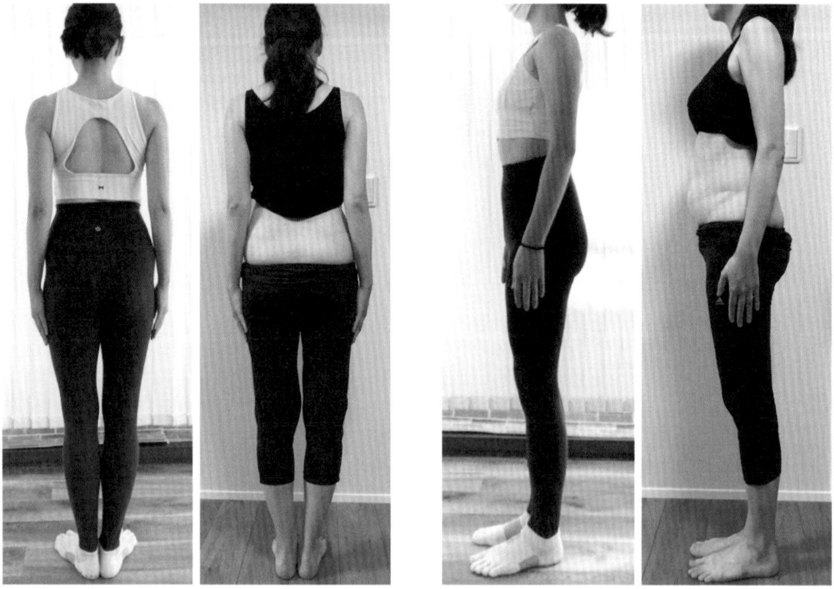

SUCCESS

産後の不調が改善し、産前の体型に戻った!!!

産後の体型の崩れや尿漏れに悩んでいたときにYori先生のレッスンを始めました。家族からは「ストレッチばっかりで、本当にやせるの？」といわれましたが、だんだん体がすっきりしていく私を見て驚いていました。また、**以前はすぐに疲れていたのが、一日中子どもたちと遊んだあとでも元気でいられるように。**毎日少しでも時間をつくって、メンテナンスしておいて本当によかったと思います。ずっと悩んでいた尿漏れも改善することができました！

File.04 | そら | 38歳

After ← Before

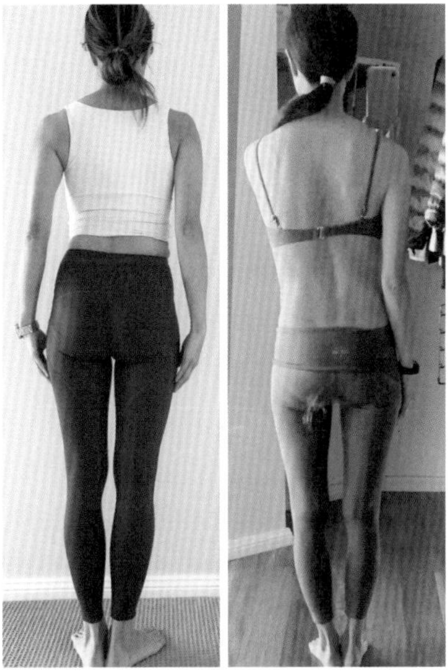

After ← Before

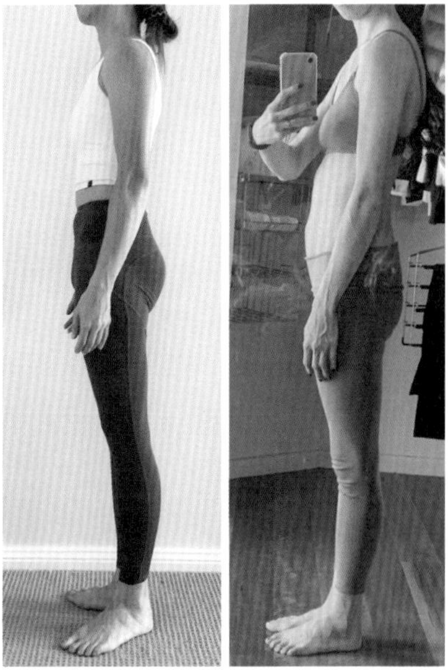

SUCCESS

側湾症でも理想の美しい姿勢に！

凸凹のない体、鏡を見るたびにぎょっとするような猫背に加え、腰痛や肩こり、お尻の痛みに悩んでいました。また、中学生のときに側湾症と診断され、背骨のゆがみがこれ以上ひどくならないようにと、整体バンドを巻いたり、週1回マッサージに行ったり、できることはしてきましたが、体は変わらず…。そんなとき、Yori先生のレッスンを受け、**少しずつ体がラクになっていくのを実感。自分の体型に一喜一憂することもなくなり**、これからも自分の体の変化を楽しんでいきたいです！

CONTENTS

息するたびにキレイやせ! ブレストレッチ

Part 2 ブレストレッチ 52

- ケガをしている、病気があるといった場合は、医師に相談のうえ行ってください。
- 本書では体に負担のかからないストレッチを紹介しています。
  ご自身の体の状態に合わせ、無理をせずに行ってください。
- ストレッチをする場所の温度管理、水分補給などを心がけ、
  体調に支障が出ないよう注意してください。
- 本書では、「ろっ骨に息を入れる」「背中に息を入れる」（実際は、息は肺に入っています）など、
  イメージしやすいような表現をしています。あらかじめご了承ください。

Part 0

ブレストレッチを始める前に

呼吸を変えるには ろっ骨の位置を正すことから

なにをしてもやせない、不調が改善されない、そんな自分がいやになる…。そうした**負のループをブレストレッチで断ち切りましょう。**巻頭の解説で、「体を変えるためには呼吸が大切で、その呼吸を変えるためには横隔膜をはたらき者にすることが大切」ということがわかったと思います。

「じゃあ早く横隔膜を鍛える方法を教えて！」と思われるかもしれません。しかし、横隔膜は鍛えるのではなく、使える位置にあるかどうかが重要です。そのポイントはろっ骨。本書では**ろっ骨の位置が正しい状態にあることを〝ろっ骨きゅっ〟と表現していますが、まさにこれが、横隔膜がはたらき、正しく呼吸ができる状態。**ここからは具体的にろっ骨について勉強していきましょう。

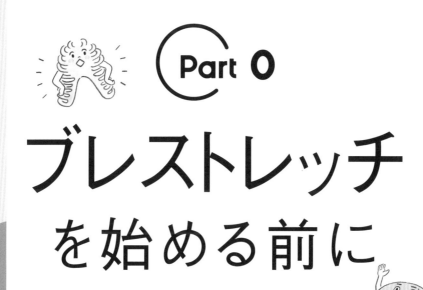

“ろっ骨きゅっ”で
やせやすいカラダを手に入れる!

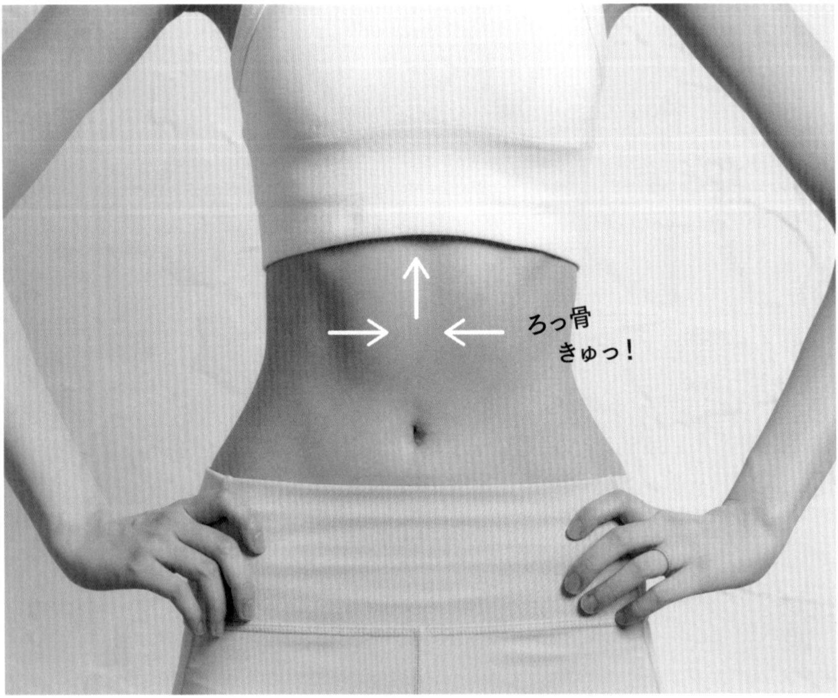

開きっぱなしだと呼吸が入らなくなる

みなさんは、ろっ骨を意識したことがありますか? ブレストレッチを始めて「自分のろっ骨がこんなに開いていたんだ」と驚かれる人がほとんど。ここで一度、ろっ骨をさわってみましょう。ろっ骨は背骨についていて、左右各12本の骨で鳥かごのような形になって、心臓や肺などの臓器を守っています。

では、アンダーバストあたりを横からさわって、息を吸ってみてください。ろっ骨まわりの筋肉がゆるんで、ろっ骨は広がります。息を吐くと、筋肉が収縮して、ろっ骨は締まります。このように呼吸するたびに筋肉の弛緩と収縮を繰り返しているのです。しかし、**呼吸が浅いとろっ骨まわりの筋肉がサビついて動かなくなり、ろっ骨がうまく開いたり閉じたりしません。すると、ろっ骨は開きっぱなしで形状記憶され、より一層呼吸が入らなくなる**、まさに負のループに陥ってしまうのです。

\\ ろっ骨きゅっ //

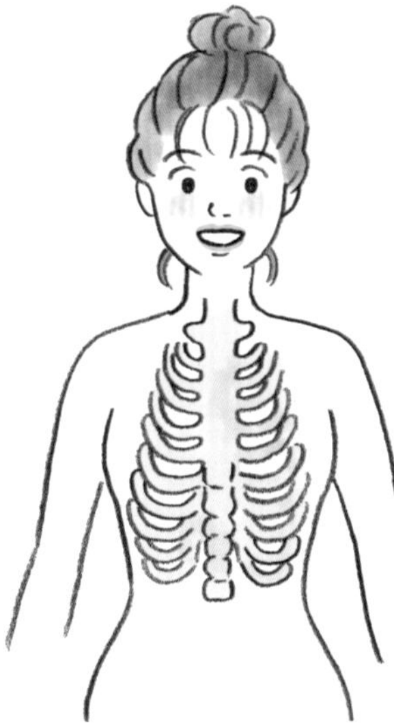

ろっ骨が締まった状態

ろっ骨の下部が締まっており、骨盤とのスペースが生まれ、くびれができる。インナーマッスルが使える位置で、おなかもぺたんこに。

\\ ろっ骨ぱっかーん //

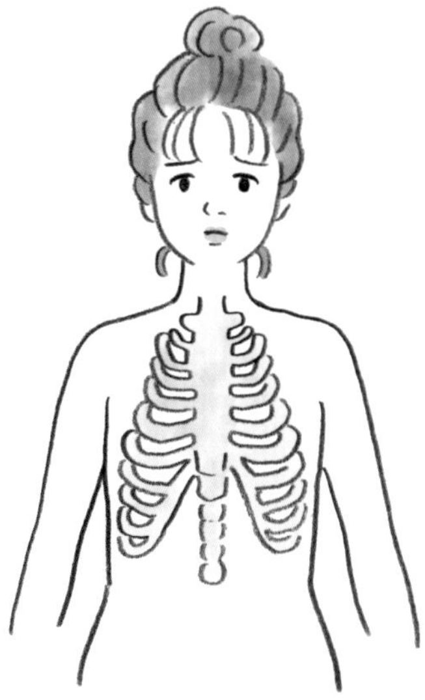

ろっ骨が開いた状態

ろっ骨の下部が横に広がり、寸胴なおなかに。また、インナーマッスルが使われていない位置なので脂肪がたまりやすい。

ろっ骨が締まると くびれが出現してくる

骨格は生まれつきや、遺伝によるものだとあきらめていませんか？

なんと、**ろっ骨は自分で変えることができる**のです。前のページで、呼吸によって、ろっ骨が開いたり閉じたりするのを感じられましたよね。そのように呼吸をしながら筋肉をゆるめたり、鍛えたりすることによって、鳥かごのような形のろっ骨を矯正することができるのです。

また、くびれをつくるのは、ろっ骨と骨盤をぐるっと一周している、腹横筋というインナーマッスル。ろっ骨が開いたままでは、腹横筋は正しく使われず、アウターマッスルばかりが使われ、この状態でやみくもに腹筋運動をすると、寸胴なおなかに…。つまり、**くびれをつくるためにはろっ骨の位置が大きく関係しており、正しい呼吸を身につけることが、女性らしい曲線的なくびれを手に入れる近道**なのです。

ろっ骨の仕組みを理解しよう！

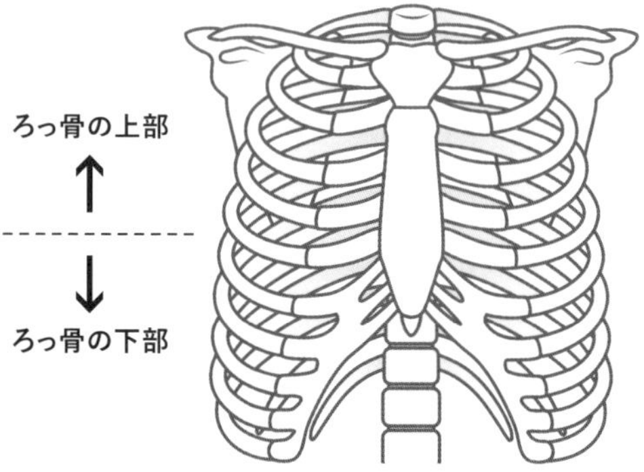
ろっ骨の上部
ろっ骨の下部

ろっ骨（肋骨）とは？

左右12対、合計24本で、
胸郭を形成している骨。

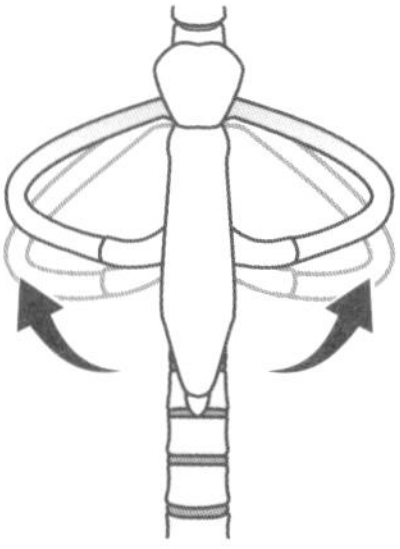
正面から見た図
ろっ骨の下部
→吸うと横に広がる

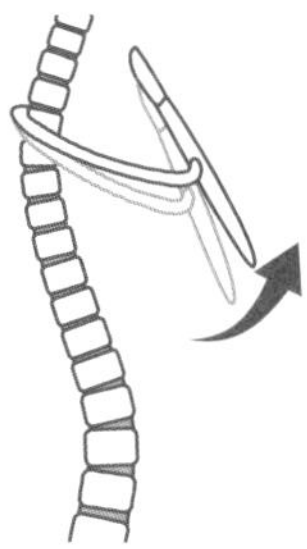
横から見た図
ろっ骨の上部
→吸うと上がる

ろっ骨の上部と下部の本来の動きを取り戻す！

骨が動くって、あまりイメージが浮かばないですよね。ここからはろっ骨の仕組みについて、さらに深掘りしていきましょう。

ろっ骨は上部（アンダーバストから上）と、下部の2つのパートに分かれ、呼吸するときに異なる動きをします。

正しく呼吸ができているときは、ろっ骨の上部はデコルテが持ち上がるように縦に膨らみ、下部は360度に膨らみます。しかし、**呼吸が浅いと、上部はゆがみ、下部が開いているために、上部側にはうまく呼吸が入りません。そして、ろっ骨の下部は、ごみ箱のふたが開くように動き、ろっ骨の前側にばかり呼吸が入り、背中が反った状態**になってしまいます。

これが〝ろっ骨ぱっかーん〟を助長させてしまう原因の1つ。改善するには、それぞれが本来の動きを取り戻すことが必須なのです。

ろっ骨と骨盤底筋の関係

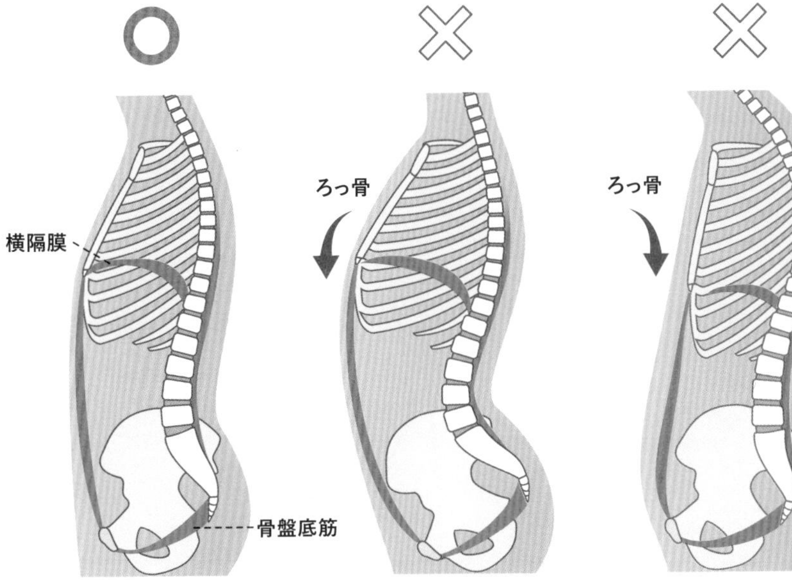

横隔膜と骨盤底筋が向かい合っている状態がベスト。

横隔膜が骨盤底筋より前方にある。反り腰の状態。

横隔膜が骨盤底筋より後方にある。猫背の状態。

ろっ骨の位置を整えると骨盤底筋が使える状態になる

次にろっ骨と横隔膜、骨盤底筋との関係を見ていきましょう。**ろっ骨が正しい位置にあるときは、横隔膜と骨盤底筋は向かい合っています。**しかし、猫背や反り腰の姿勢によりろっ骨の位置がずれた状態だと、横隔膜と骨盤底筋が向かい合っておらず、位置関係が崩れます。これでは息を吸ったときに骨盤底筋にうまく腹圧がかからず、骨盤底筋はゆるみっぱなしになってしまいます。

特に女性は〝骨盤底筋を引き上げる〟とか〝膣を締める〟という言葉を聞いたことがあると思いますが、これは横隔膜が正しく使えてこそ。ということは、ろっ骨が正しい位置になければならないのです。**ろっ骨の位置を整えることで、横隔膜と骨盤底筋が向かい合い、自然と骨盤底筋が使えるようになります。**膣トレの前に、まずはろっ骨を整えることです。

あなたはどっち?

サビつきボディを知る 2つの“ろっ骨ぱっかーん!”

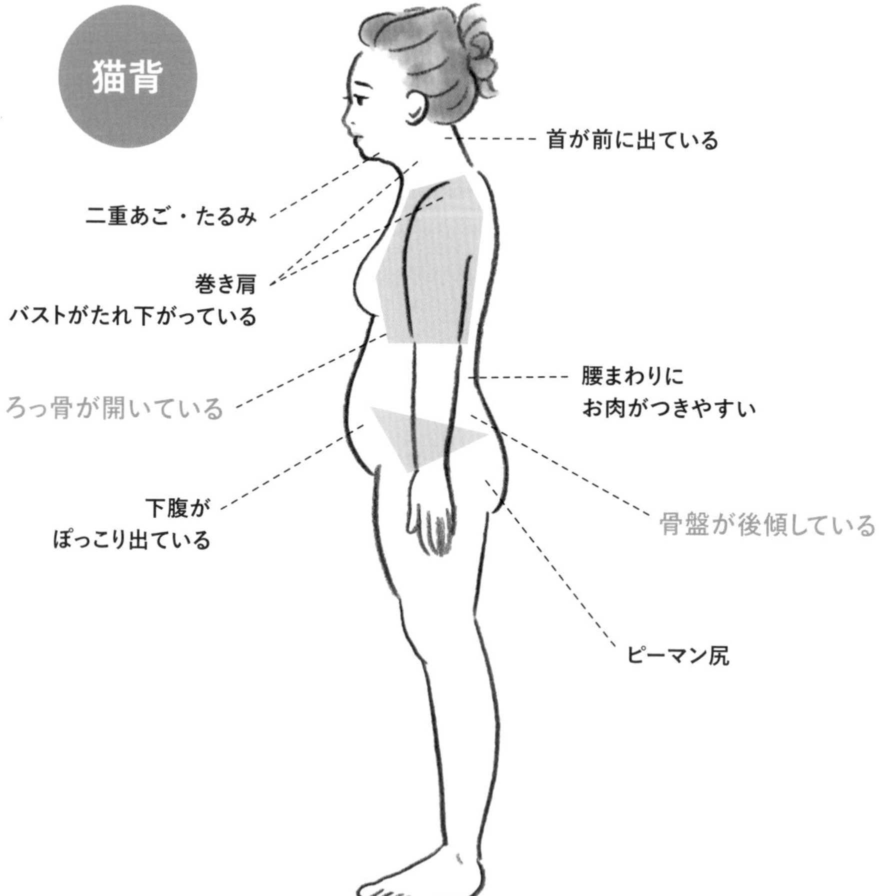
猫背
首が前に出ている
二重あご・たるみ
巻き肩
バストがたれ下がっている
腰まわりに
お肉がつきやすい
ろっ骨が開いている
骨盤が後傾している
下腹が
ぽっこり出ている
ピーマン尻

上半身にボリュームがつきやすい!

デコルテがそげたように落ち、ろっ骨が下にゆがみ、横に開ききった状態の“猫背ろっ骨ぱっかーん”。首が前に傾いて、肩が内側に巻き、背中にお肉がつきやすい状態です。また、骨盤が前にスライドしていることで、下腹がぽっこり出やすくなります。

反り腰

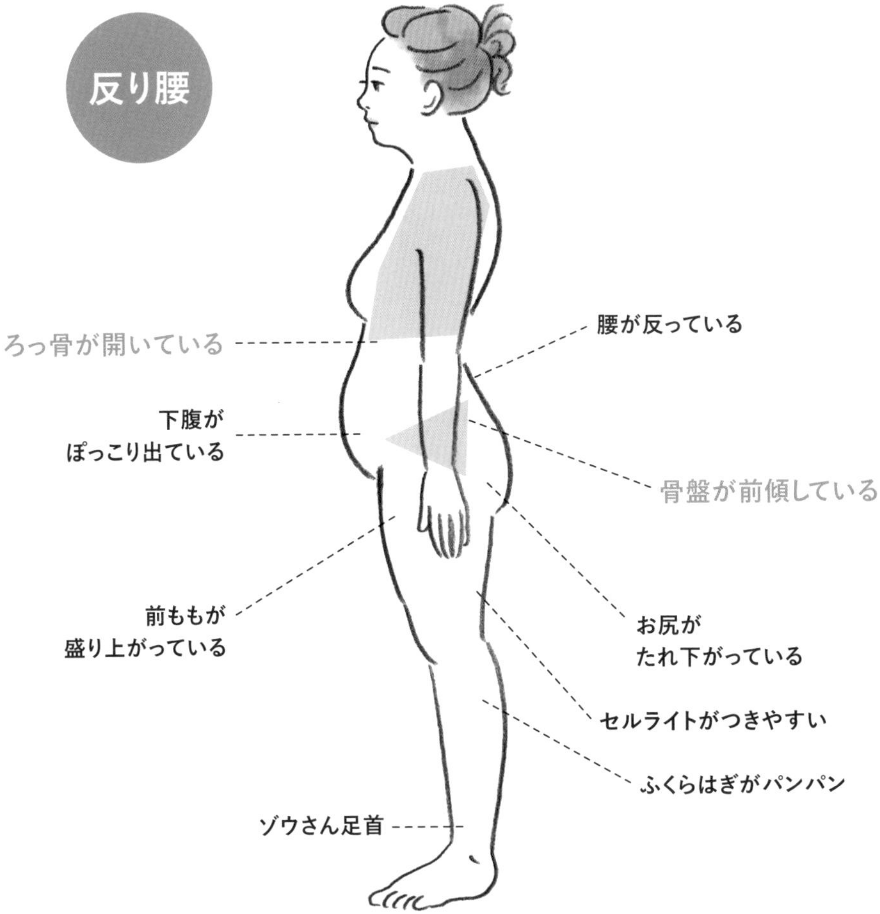
ろっ骨が開いている
腰が反っている
下腹が
ぽっこり出ている
骨盤が前傾している
前ももが
盛り上がっている
お尻が
たれ下がっている
セルライトがつきやすい
ふくらはぎがパンパン
ゾウさん足首

下半身だけズッシリして見えちゃう！

ろっ骨が前にせり出した状態の“反り腰ろっ骨ぱっかーん”。バランスをとろうとして骨盤が前傾することで太ももの骨が内向きになり、前ももがパンパンになります。上半身は華奢なのに、下半身だけが太くなるという洋梨体型です。

＼ろっ骨の位置が整うと／

体調も姿勢も心もご機嫌に！

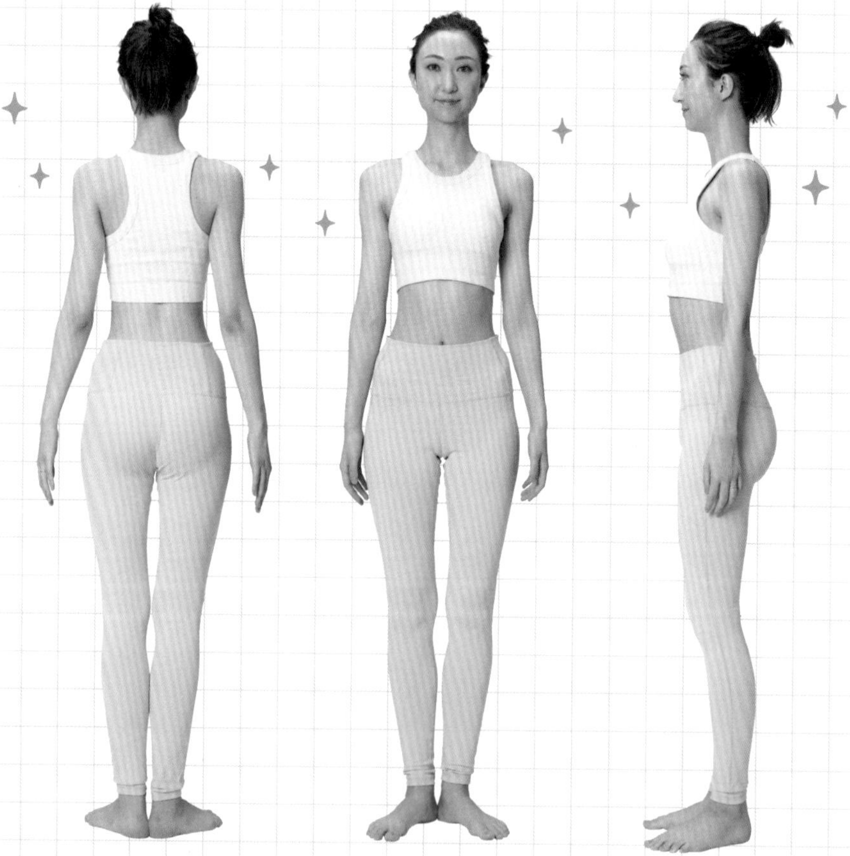

後ろ　　正面　　横

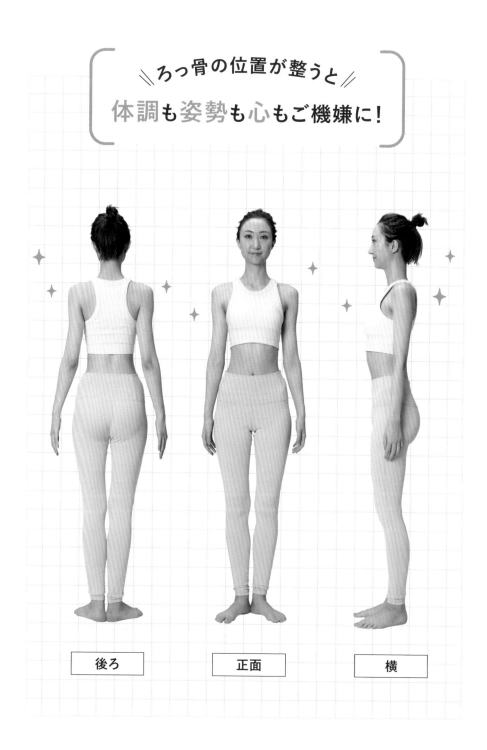

“ろっ骨きゅっ!”で呼吸が変わる ブレストレッチを行うと……

いいこと 1 不調知らずに。

正しい姿勢こそ、体にとって最もストレスのかからない状態。ろっ骨が正しい位置になることで、姿勢が整い、**関節、筋肉が適切に**使われます。また、血流がよくなって酸素が全身に十分に行きわたり、**体の内側から元気がみなぎります。**

いいこと 2 美しい体に。

インナーマッスルが使われることで、アウターマッスルが必要以上に使われず、筋肉のバランスが整います。呼吸をするだけで**脂肪が燃焼し、適度に筋肉がつき、メリハリのある、美しくしなやかなボディラインになります。**

いいこと 3 前向きな心に。

自律神経が刺激されて、交感神経と副交感神経のバランスが整うことで、活動と休息のスイッチがスムーズに切り替わります。メンタル面でも呼吸をすることは**リラックス効果を生み出し、自然と前向きな気持ちが生まれます。**

ろっ骨のサビつきをチェック！

私たちの体の土台は骨格であり、その中でも、ろっ骨は重要な部分。
ろっ骨の位置がずれると上半身がゆがみ、さらに下半身もゆがみます。
まずは自分のろっ骨の状態を知りましょう。

Check ろっ骨の開き具合をスマホでチェック

方法 まっすぐ立ち、スマホの角の部分を、みぞおちあたりにあてる。

ろっ骨の左右の開きが **90度以上** ➡ ろっ骨ぱっかーん！

ろっ骨の左右の開きが **90度未満** ➡ やせやすい体！

＼ NOTサビつきボディ ／

Check ろっ骨の位置を鏡でチェック

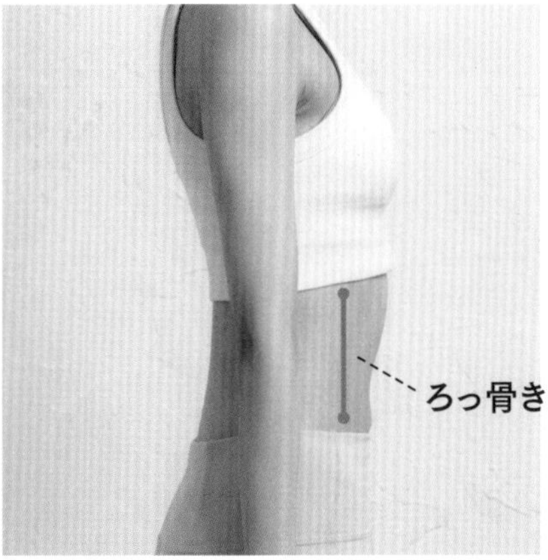

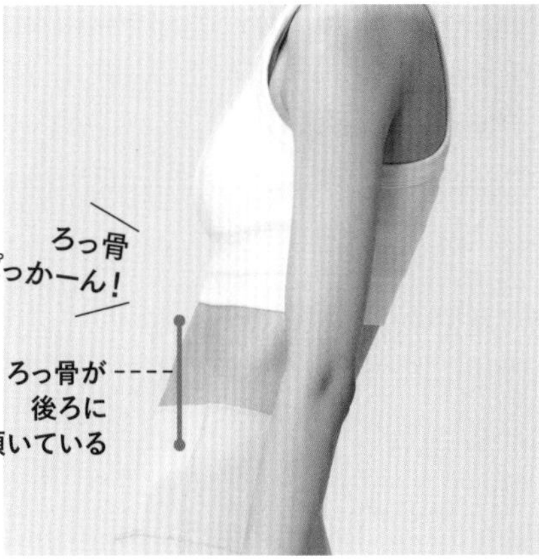

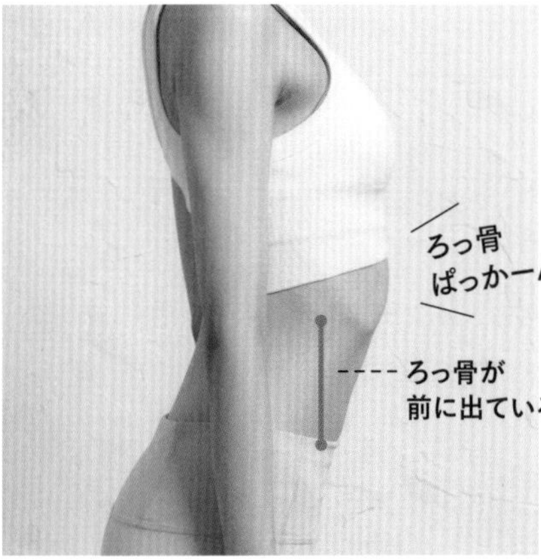

方法 鏡の前で横向きにまっすぐ立ち、ろっ骨と骨盤の位置を確認する。

ろっ骨と骨盤の位置が **ずれている** ➡ ろっ骨ぱっかーん!

ろっ骨と骨盤の位置が **まっすぐ** ➡ やせやすい体!

NOTサビつきボディ

呼吸のサビつきをチェック！

サビつきボディを解消するには、呼吸がすべて。
呼吸の深さを確認したのち、呼吸に重要なろっ骨の
柔軟性もチェックしてみましょう。

Check 呼吸の深さ

息を
- 5 秒吐けた □ → サビつきボディ
- 7 秒吐けた □ → ややサビつきボディ
- 10 秒吐けた □

鼻の下に人差し指を持ってきて、鼻から息を吸って、鼻から息を吐く。
指に鼻息が少しだけあたるくらいの感覚で長く吐き続けられればOK。

こんな人も
サビつきボディ

一気に吐いてしまい、細く長く吐けない。
首や肩に力が入ってしまう。

Check ろっ骨の動き

ろっ骨が
- 前後左右に広がる □
- 前側のみに広がる □ → サビつきボディ
- 動かずおなかが膨らむ □ → サビつきボディ

ろっ骨に両手をあてて鼻から息を吸う。このとき息がどこに入り、ろっ骨がどう動いているかを確認。前後左右にしっかり広がっていればOK。

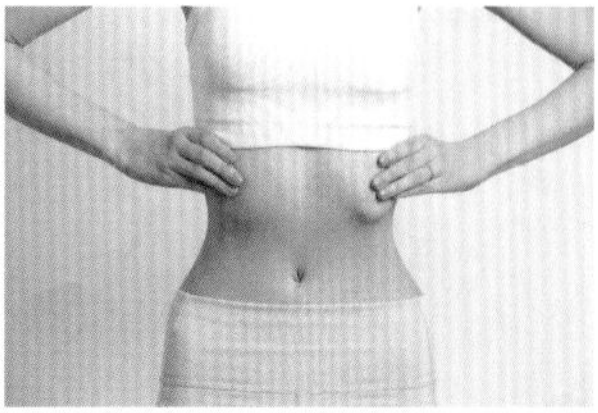

吸う → 広がる

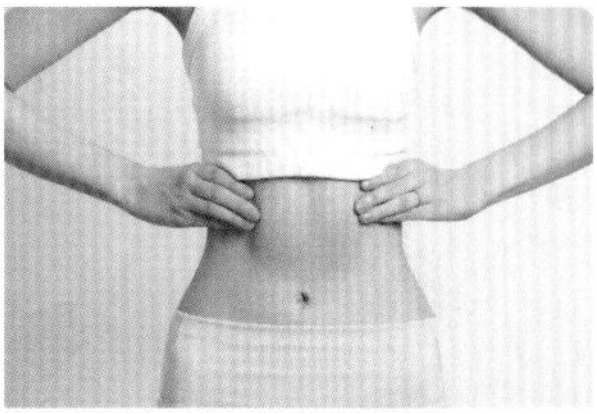

吐く → 締まる

こんな人も
サビつきボディ

吸うときに一緒に肩が上がる。
吸うときにおなかとろっ骨が一緒に膨らむ。

Check 背中の状態

- 自然にまるまれた □
- まるまれない □ → サビつきボディ
- タオルが引っかかった □ → ややサビつきボディ

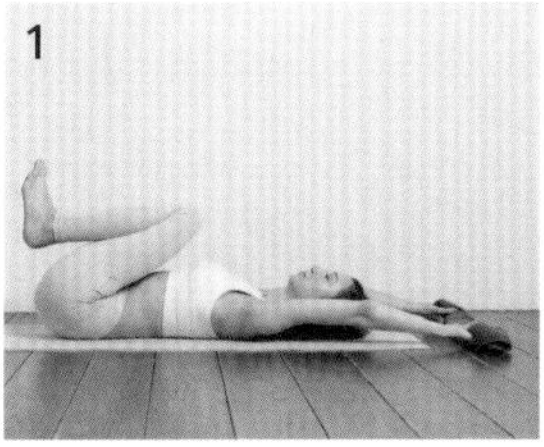

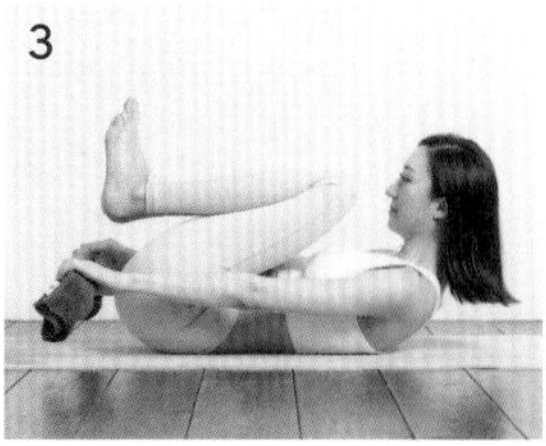

タオルを持ってあおむけになり、両手を頭の上、ひざを胸の位置にセット。
リラックスした状態で背中をまるめ、タオルがひざ、足先を通過したらOK。

こんな人も
サビつきボディ

首や肩が疲れる。
腹筋で無理やり起き上がった。

ブレストレッチの
\\ 3つのポイント //

ストレッチの効果を高めるにはちょっとした工夫が必要。
息は鼻から吸ってください。吐くときは鼻と口のどちらでもOKです。

ポイント 1 呼吸をコントロールする

ブレストレッチの呼吸は、**「5秒吸う→5秒吐く→5秒止める」**が1セットになります。**本書ではこれを“サビ取り呼吸”といいます。**5秒止める理由は、浅い呼吸を繰り返していても意味がなく、**呼吸量を減らす**ためです。それによって自然と体がリラックスし、深い呼吸が身についてきます。**5**秒が長く感じる人もいるかと思いますが、少しずつ慣れていけば問題ありません。

ポイント 2 体の動きを意識する

呼吸の量、息を入れる場所、ろっ骨の状態、使われている筋肉、伸びている筋肉、動かしている関節など、体の動きを脳で感じながらストレッチすることが大切です。これを**ボディマッピング**といいます。本書で紹介しているストレッチの動きをただやるだけでなく、**自分の体がどのように動いているかを意識して行いましょう。**

ポイント 3 うまくできなくてもOK!とする

ブレストレッチの中には難しいと感じるものもあるでしょう。しかし、ブレストレッチには、上手も下手もありません。目的は体の緊張を取り除き、**本来の身体機能を取り戻すための呼吸の改善。**例えば「背中に息が入らない」という状態でもOK。それに気づけたことも“サビ取り”なのです。

＼＼ ブレストレッチの進め方 ／／

正しい呼吸ができる体に戻すためには、
ていねいな準備体操から、基本となるストレッチ、
そして日常へとつなげていくことが必要です。

正しいろっ骨の位置に矯正する
＝呼吸の質を高める

ブレストレッチは、正しい呼吸ができる体に戻すことが目的であり、たくさん呼吸をするわけではありません。呼吸の質を高めることが大切で、ゆったりと、しっかり吐ききることが重要なのです。本書では、あえて各ストレッチに回数設定を記載していません。「しっかり吐ききれた！」と実感できたらＯＫです。

まずは、**サビ取り呼吸でろっ骨の動きを確認しながら、ろっ骨の位置を整え、呼吸量を抑えることで、呼吸の質を変えていきます。**

次に**ブレストレッチで、かたくなっている筋肉や、使えていない筋肉を鍛えることで、ろっ骨を正しい位置でキープできるようにしていきます。**

最後に、**立った状態でもろっ骨が正しい位置で、正しい呼吸ができるように体の使い方を落としこんでいきます。**

“4週間チャレンジ”プログラム

共通
ウォーミングアップ

Part 1 サビ取り呼吸

ブレストレッチすべてのベースになるパート。あおむけになって呼吸に集中します。ろっ骨のどこに息を入れているか意識し、「吸う5秒、吐く5秒、止める5秒」のサビ取り呼吸にも慣れましょう。

苦手なものを
集中的にやってもOK!

Part 2 ブレストレッチ

Part1を行ったのち、ろっ骨が正しい位置で定着するように、動きがかたくなった関節や、こわばった筋肉のサビを取っていくストレッチ。4週間、週替わりで実践していきます。

1週目　**背中の筋肉をゆるめ 脱! ろっ骨ぱっかーん**

サビついている背中の筋肉をゆるめ、呼吸をしやすくするストレッチ

2週目　**わきのスイッチONでくびれづくり**

サビて使えていないわきの筋肉を使い、ろっ骨を締めていくストレッチ

3週目　**ろっ骨のゆがみを改善する**

ろっ骨を上下、左右、前後に動かしていくストレッチ

4週目　**おなかのインナーマッスルを使えるカラダへ**

コアから全身をつなげていくストレッチ

共通
クールダウン

Part 3 サビ取り総仕上げ

Part1、2は寝たり座ったりした状態で行いますが、目指すのは普段の呼吸が正しくできるようになること。そのために立位でもろっ骨が正しい位置になるように整えていきます。

Part 1

サビ取り呼吸

どのストレッチをするにしても、
まずはろっ骨の正しい動きを習得し、
正しく呼吸できるようになることが大切。
ここでは、浅い呼吸から深い呼吸へシフト。
呼吸をしたときにろっ骨が上下、左右、前後に
広がって閉じる動きを確認しながら
ブレストレッチの準備体操をしていきます。
うまくできないときは、お助けストレッチを活用しましょう。

（ パート別ストレッチ ）

下腹ぽっこりを解消する

おなかを引き上げるエクササイズ

→P40

腰痛、反り腰を改善する

背中を広げるエクササイズ

→P42

ろっ骨からバストアップを叶える

胸を持ち上げるエクササイズ

→P44

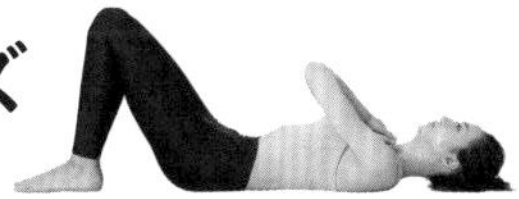

ろっ骨の正しい位置をキープする

サビ取り呼吸の基本姿勢

→P46

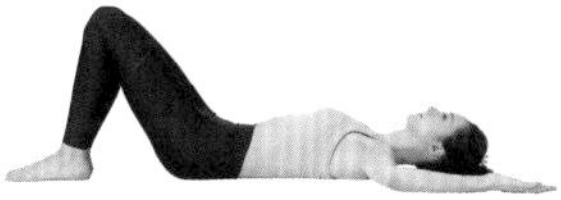

お助けストレッチ　インナーマッスルを使える体に

横隔膜ほぐし

→P48

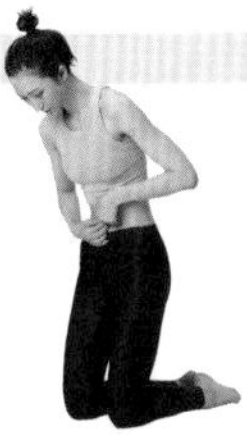

お助けストレッチ　美しい鎖骨は呼吸ができる

首・鎖骨のストレッチ

→P50

下腹ぽっこりを解消する

おなかを引き上げるエクササイズ

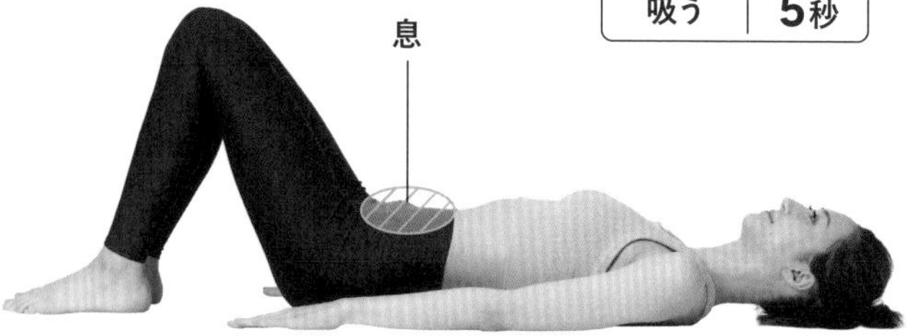

吸う ｜ 5秒

1

あおむけになり、足をこぶし1つ分開いてひざを立て、床と腰に手の平1枚分のスペースをあける。この体勢で息を吸って、おなかを膨らます。

吐く ｜ 5秒

2

息を吐きながら、尾骨をまるめるように骨盤を転がす。おなかをうすくし、腰と床のすきまがうまるようにする。

動画はこちら

下腹ぽっこりが気になる人は、ろっ骨がゆがんでいて、骨盤とろっ骨をつなぐ腹横筋が弱くなっているかも。まずは**腹横筋を使う練習をして、すっきり、うすいおなかを目指しましょう。**

3

2の状態のまま軽く息を止める。このときに腰骨の指1本内側が「きゅっ！」とかたくなっていればOK。**1**、**2**、**3**を繰り返す。

ZOOM

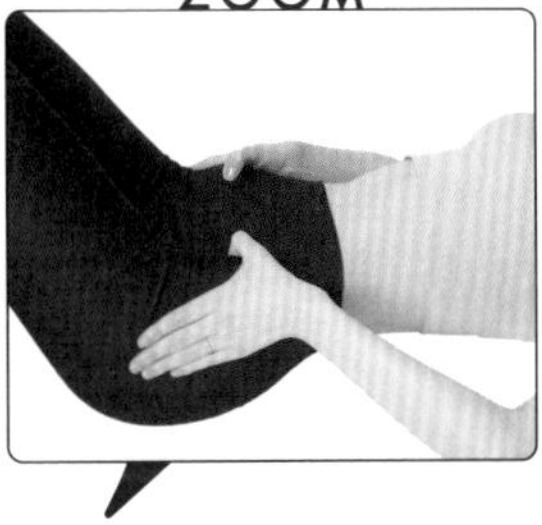

止める | **5秒**

✓ 伸びしろポイント！

おなかが“きゅっ”とかたくならない人は、おなかのインナーマッスルが弱くなっています。その場合は息を吸って、おなかを膨らませたまま吐く、という呼吸を5回繰り返してみましょう。

腰痛、反り腰を改善する

背中を広げるエクササイズ

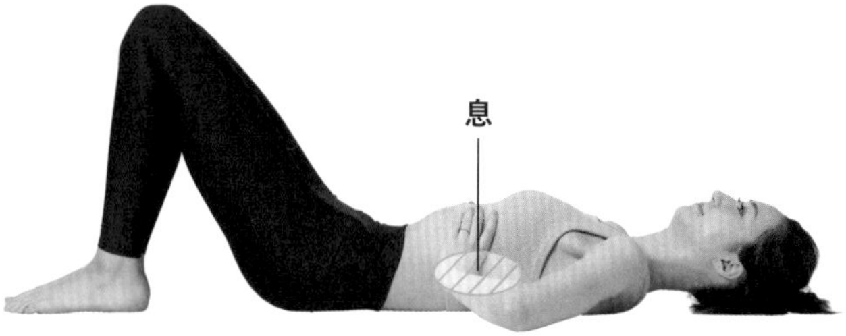

1

P41-**3**が完了した状態からスタート。ろっ骨に手をあて、息を吸い、背中に息を入れる。

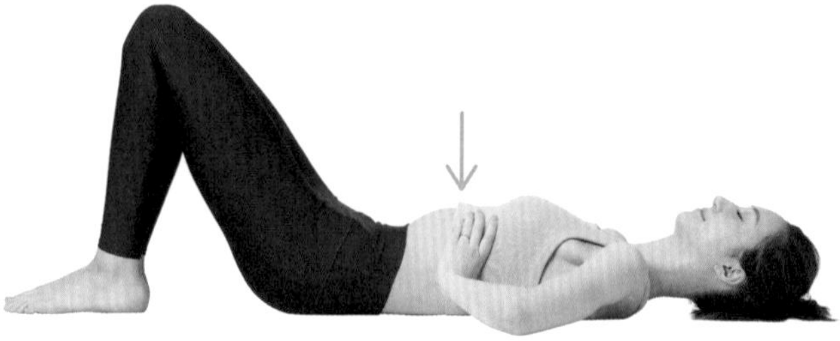

2

吐く息で、みぞおちを床に押しあてる。**1**と**2**を5回ほど繰り返す。

※**1**と**2**は準備プロセスです。**3**からが本番。

動画はこちら

呼吸の浅さから招かれる反り腰、腰痛。腰が反ることで背中が緊張した状態になります。背中を広げるストレッチで、**特にサビているろっ骨の後ろ側をほぐしていきましょう。**

吸う	5秒
吐く	5秒
止める	5秒

3

1と2に慣れてきたら、両手を斜め上にセットする。そこでもう一度息を吸って、吐く息で、さらにみぞおちを床に押しあて、背中を広げる。サビ取り呼吸(P34)を繰り返す。

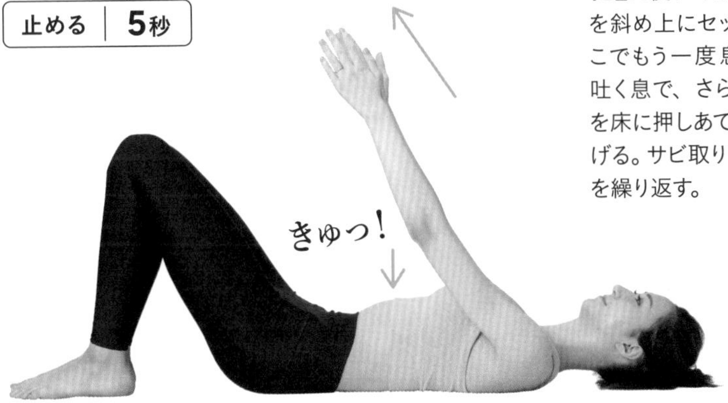

✓ 伸びしろポイント！

インナーマッスルが弱いと、手首やひじに力が入りがちです。両手で丸太を抱えるようなイメージで、腕の力を抜いて繰り返しましょう。

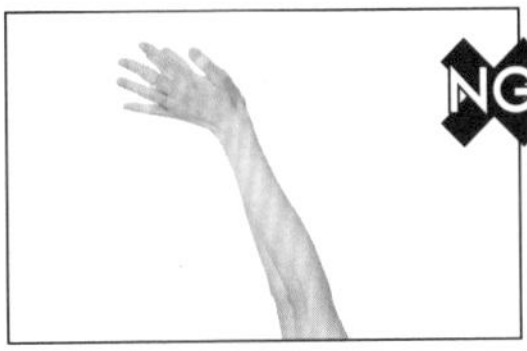

手首に力が入らないように注意。脱力した状態で

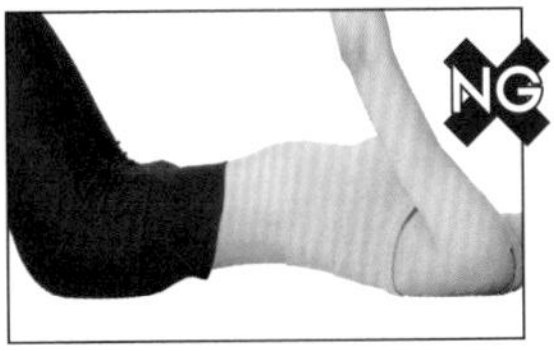

背中が浮いてしまうと、効果が出ない

ろっ骨からバストアップを叶える

胸を持ち上げるエクササイズ

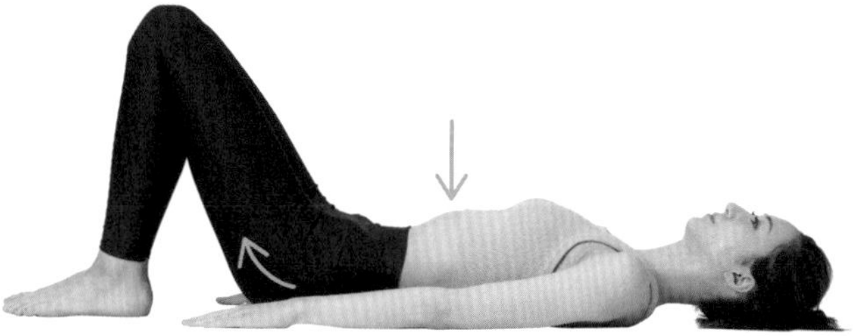

1

P43-**3**が完了した状態からスタート。骨盤をまるめ、みぞおちを床に押しあてる。

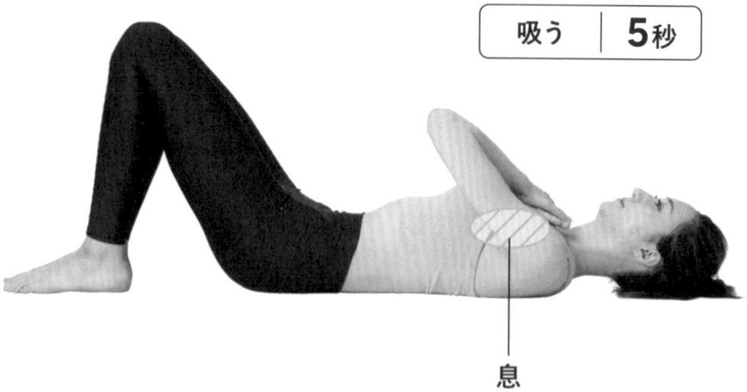

2

吸う ｜ 5秒

両手を胸の上で重ね、息を吸い、デコルテを膨らます。このとき、背中が床から浮かないように注意。

動画はこちら

年々、バストの位置が下がってきていると感じる人は、ろっ骨がゆがんでいるかも。バストの土台である**ろっ骨の位置を引き上げることで骨からバストアップを叶えましょう。**

3

胸が膨らんだ状態をキープしたまま、息を吐いて止める。**2**と**3**を繰り返す。少しずつ胸の位置が引き上がっていくようなイメージ。

✓ 伸びしろポイント!

胸に息が入らない場合は、胸にクッションやタオルを置くことでろっ骨の感覚が上がり、息を入れやすくなります。

吐く	5秒
止める	5秒

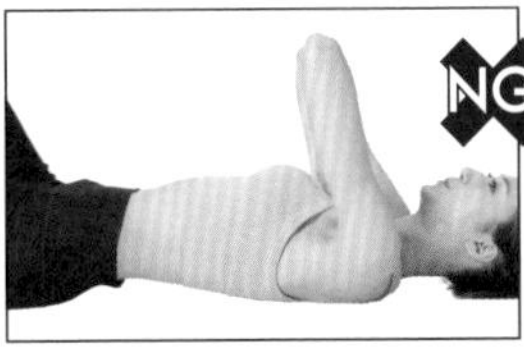

息を吸うときに、
肩が上がらないように注意

ろっ骨の正しい位置をキープする

サビ取り呼吸の基本姿勢

1

P45-**3**が完了した状態からスタート。骨盤をまるめ、みぞおちを床に押しあて、胸を持ち上げる。

2

両手を上げ、ひじを90度に曲げ、息を吸い、背中と胸に息を入れる。このとき、ろっ骨の下部が開かないように注意。

吸う｜5秒

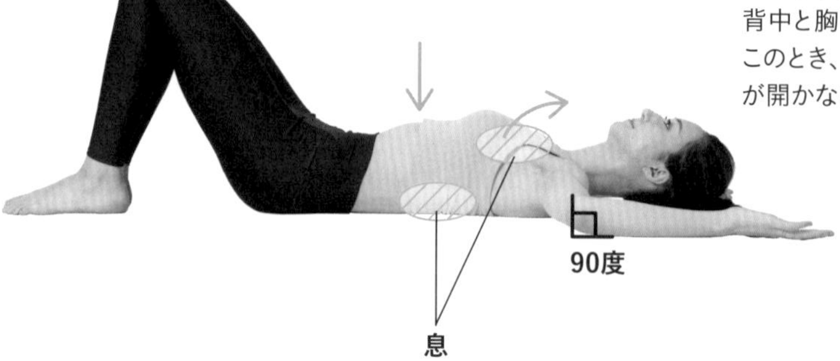

動画はこちら

P40〜45のエクササイズをつなげていきます。これでサビ取り呼吸はマスター! **“おなかを引き上げ、みぞおちを閉じ、胸を引き上げる”ことでろっ骨を正しい位置に矯正していきます。**

吐く	5秒
止める	5秒

3

ろっ骨を締め、胸を引き上げたまま、息を吐く。吐ききったら息を止める。**2**と**3**を繰り返す。

✓ 伸びしろポイント!

二の腕や胸の前側が伸びている感じがすればグッドです。普段縮まっている筋肉を伸ばすことで、使われていなかった筋肉が、自然と使われるようになります。

お助け
ストレッチ

インナーマッスルを使える体に

横隔膜ほぐし

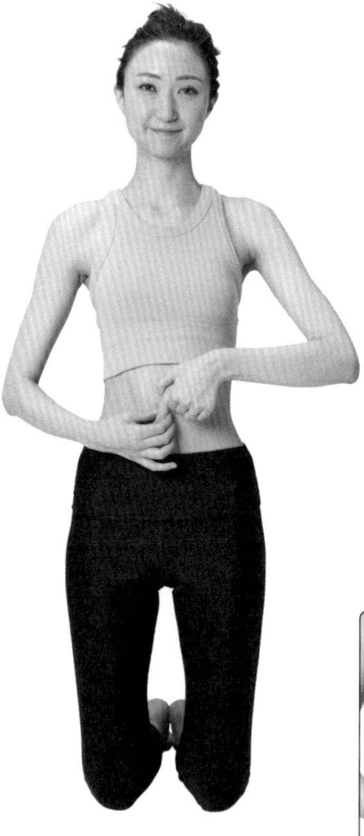

1

ひざ立ちになり、親指と人差し指でおへその上の皮膚をつまむ。

ZOOM

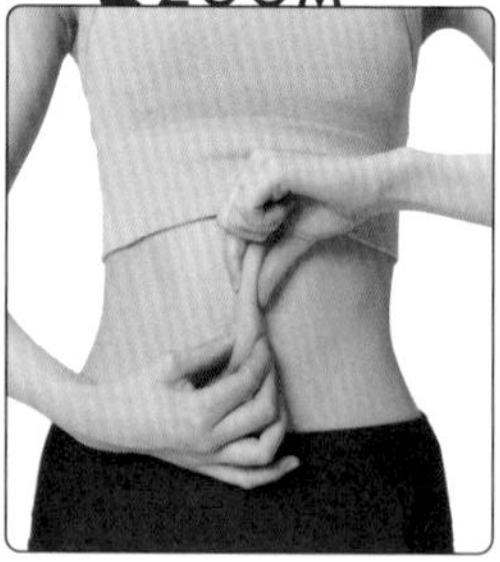

✓ 伸びしろポイント!

「皮膚がつまめない」「脂肪も一緒につかんでしまう」という人は、筋肉がかたくなっています。最初は脂肪も一緒につまんでよいので、やさしくほぐしていきましょう。

動画はこちら

サビ取り呼吸中に肩に力が入ってしまう人は、横隔膜の周辺がかたまっているかも。正しく呼吸ができるように、**ろっ骨周辺をほぐしていきましょう。**

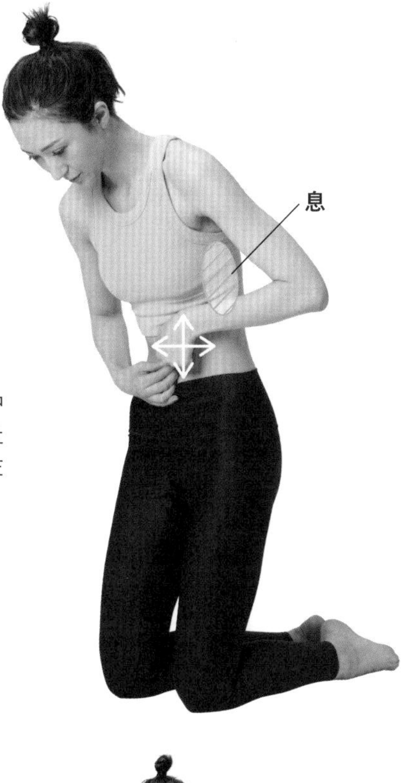

2

皮膚をつまんだまま背中をまるめ、息を吸う。吐く息で、皮膚を上下、左右にやさしくゆらす。

もうひとつがんばれそう！

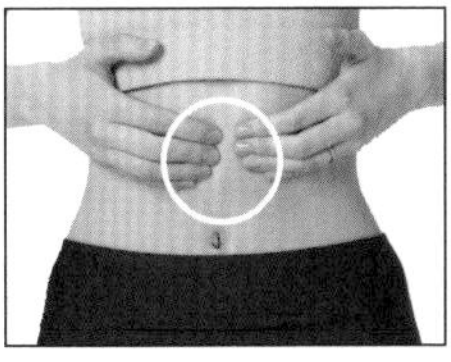

強く押しすぎないように気をつけましょう。

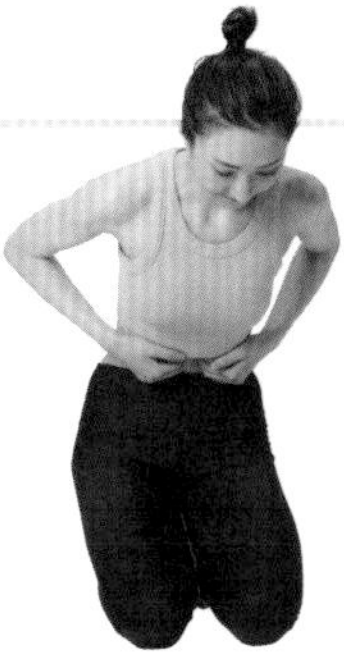

みぞおちに4本指をあて、息を吸い、背中側に息を入れる。息を吐きながら背中をまるめ、指先で内臓をさわりにいくイメージで、やさしくマッサージする。

お助けストレッチ

美しい鎖骨は呼吸ができる

首・鎖骨のストレッチ

吸う	5秒
吐く	5秒
止める	5秒

✓ 伸びしろポイント！

伸ばしているとき、奥歯が引っ張られるような感覚になる人は、それだけ首筋の筋肉がかたまっている証拠。首のシワが気になる人にもおすすめ。

1

あぐらを組み、片手を下ろす。もう片方の手を、鎖骨を押さえるようにあてる。

2

息を吸い、吐きながら、顔を横に傾ける。指先と頭で引っ張り合うようにし、この状態を保ったまま、サビ取り呼吸（P34）を繰り返す。反対側も同様に行う。

動画はこちら

首や鎖骨まわりの筋肉がかたいと、うまく呼吸が入りません。鎖骨まわりを動かして、首の筋肉をほぐすことで、**首のアウターマッスルをOFFにしていきましょう。**

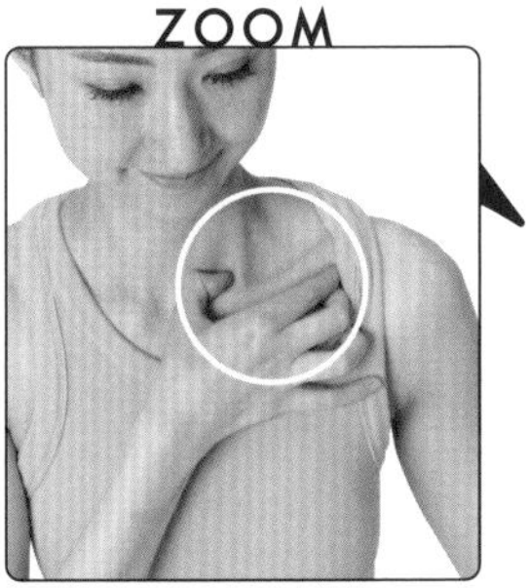

人差し指で鎖骨を
持ち上げるようにする

1

P50-**1**の状態から、鎖骨を親指と人差し指でつまむ。

✓ 伸びしろポイント!

鎖骨が動かない＝鎖骨まわりの筋肉ががちがち。スムーズに動くまで繰り返し行っていきましょう。

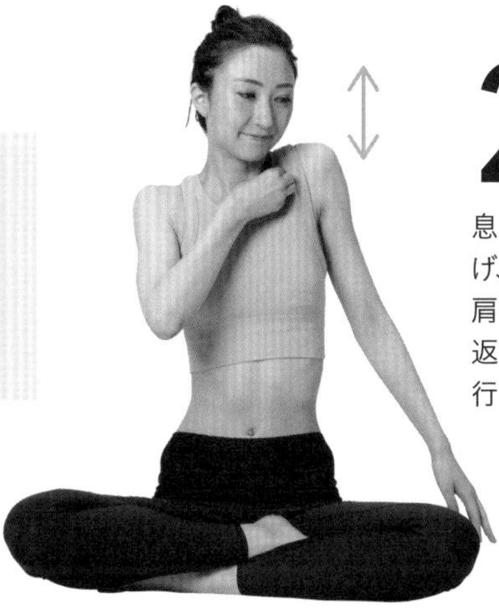

2

息を吸い、肩を持ち上げ、息を吐きながら、肩を下ろす。これを繰り返す。反対側も同様に行う。

Part 2

ブレストレッチ

Part1でろっ骨の正しい動きを習得したら

サビてかたまっている筋肉をほぐすストレッチと、

サビて使えていないインナーマッスルを鍛えるエクササイズを

合計4週間で行っていきます。

ろっ骨の正しい位置が少しずつ定着し、

正しく呼吸ができる体になります。

これでサビつきボディともおさらば！

週間別ストレッチ

1週目

背中の筋肉をゆるめ
脱！ ろっ骨ぱっかーん

→P54

2週目

わきのスイッチONで
くびれづくり

→P64

3週目

ろっ骨のゆがみを
改善する

→P74

4週目

おなかのインナーマッスルを
使えるカラダへ

→P84

1週目

背中の筋肉をゆるめ 脱！ろっ骨ぱっかーん

呼吸が浅く、ろっ骨が開いた状態の人は、背中の筋肉（広背筋）がサビついています。そのままではいくら深く呼吸をしようとしても、そもそも息が入りません。ストレッチで背中の筋肉の緊張をほぐしながら、ろっ骨の位置を整え、正しい呼吸へ導いていきます。

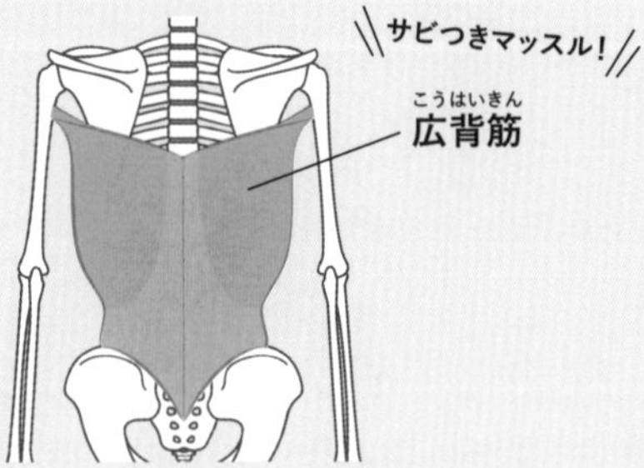

4つのメニューを実践

あおむけのエクササイズ

コアをはたらかせて肩こり解消

→P56

背骨のツイストエクササイズ

自律神経の乱れや便秘を解消

→P58

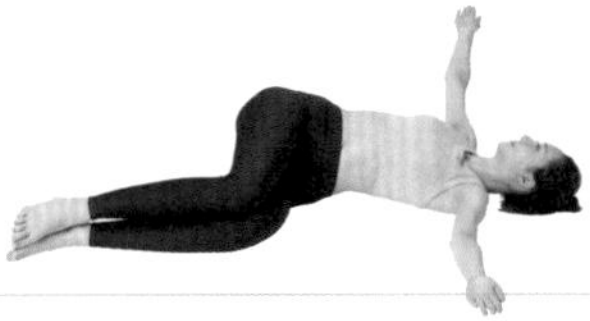

あおむけのエクササイズ

脚やせ・美脚にはコアから!

→P60

背面のエクササイズ

ろっ骨を締め、くびれをつくる

→P62

あおむけのエクササイズ

コアをはたらかせて肩こり解消

1

P47-**3**が完了した状態からスタート。

2

両手を斜め上にセットする。

※コア＝体幹

動画はこちら

おなかのインナーマッスルが使えていないと、肩の筋肉がはたらきすぎてしまいます。**おなかを安定させて、コアから腕をコントロールする感覚を身につけましょう。**

吸う	5秒

3

息を吸いながら、両手を頭のほうに移動させる。

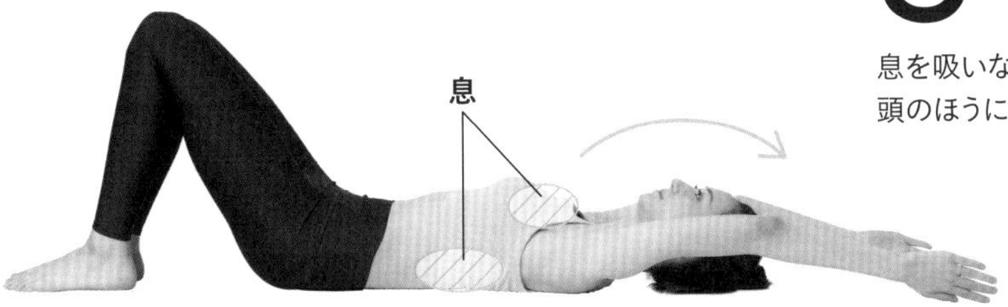

✓ 伸びしろポイント!

背中が床から浮いてしまう人は、おなかのインナーマッスルが使えていない証拠。P42に戻って、しっかり背中を床につけた状態で、肩の筋肉を使わないようにコントロールしましょう。

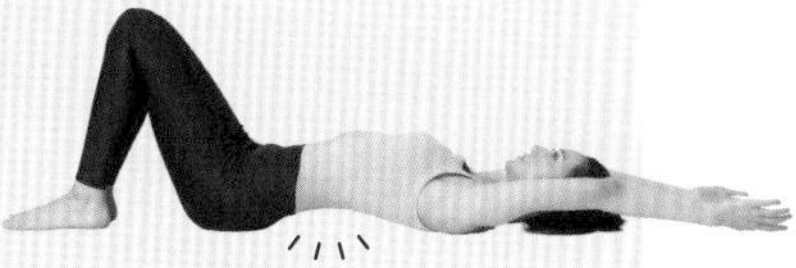

吐く	5秒
止める	5秒

4

息を吐きながら、両手を**2**の位置に戻していく。息を5秒止めてから、**3**と**4**を繰り返す。

背骨のツイストエクササイズ

自律神経の乱れや便秘を解消

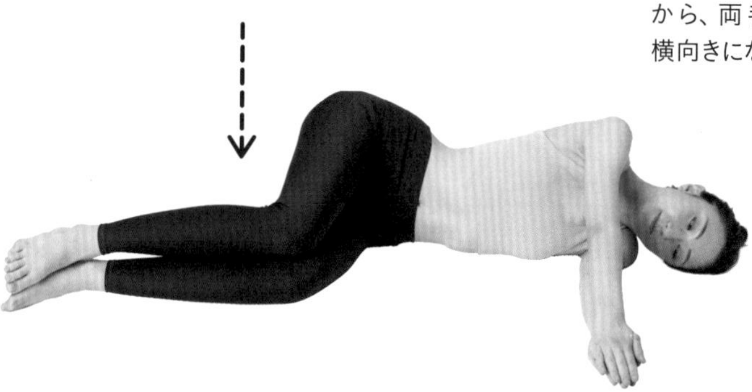

1

あおむけの姿勢（P40-**1**）から、両手を合わせて、横向きになる。

2

息を吸い、上の手を下の手に沿わせるように移動させる。

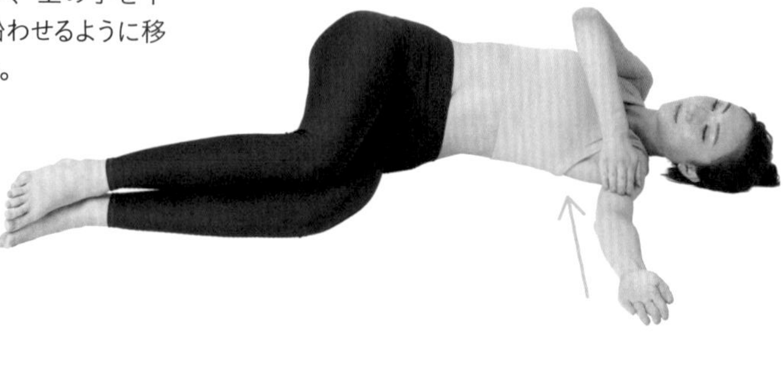

※**1**と**2**は準備プロセスです。**3**からが本番。

動画はこちら

背骨がしなやかに動かない人は、自律神経のバランスが乱れやすく、便秘や下痢になりがち。**背骨をねじりながら呼吸することで自律神経を整えましょう。**

吸う	**5秒**
吐く	**5秒**
止める	**5秒**

3

息を吐きながら、上の手を反対側の床につけ、背中をねじる。この体勢でサビ取り呼吸（P34）を繰り返す。反対側も同様に行う。

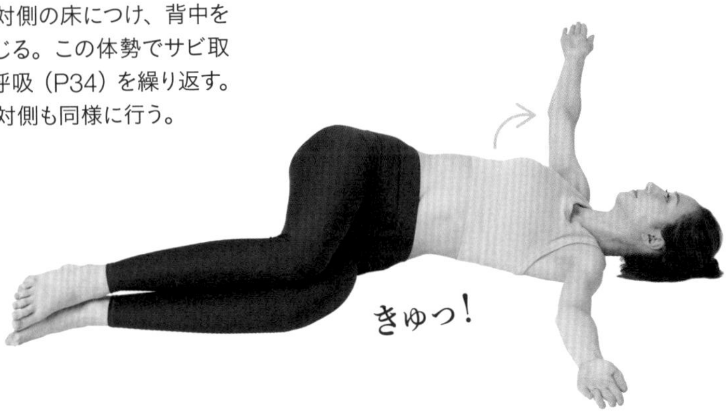

もうひとつがんばれそう!

脚をクロスさせ、片方の手でひざを押さえ、もう片方の手で足を持ちます。息を吸い、吐きながらツイストします。両手で足を引っ張り合いっこしているようなイメージで。

✓ 伸びしろポイント!

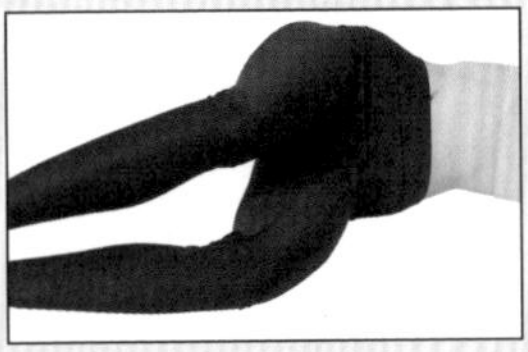

骨盤がぐらぐらして、ひざが離れてしまう人は、背骨がかたい。P72のエクササイズを入念に行って再チャレンジを!

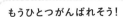

あおむけのエクササイズ

脚やせ・美脚にはコアから！

1

あおむけの姿勢（P40-**1**）になる。

2

足をマット幅（約60cm）に開き、尾骨をまるめるように骨盤を転がす。おなかの感覚が抜けないように意識しながら両ひざを片側に傾ける。

※**1**と**2**は準備プロセスです。**3**からが本番。

動画はこちら

インナーマッスルを使って上半身を動かす感覚をつかめたら、次は脚の動きもコントロールしていきます。動きが少し複雑になるので、どこを使っているか意識することを忘れないで!

3

吸う	5秒
吐く	5秒
止める	5秒

ひざを倒した側の手を斜め前に伸ばす。もう片方の手を広げてひじを90度に曲げ、息を吸い、息を背中と胸に入れる。息を吐きながら、伸ばした手をさらに遠くに伸ばす。この体勢でサビ取り呼吸（P34）を繰り返す。反対側も同様に行う。

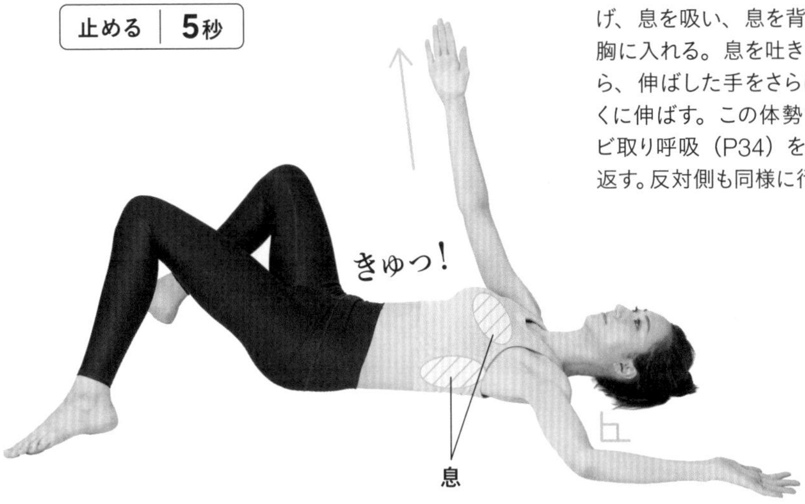

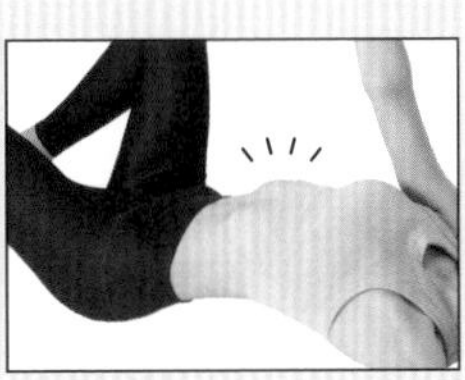

✓ 伸びしろポイント!

傾けた脚側に引っ張られて骨盤がぐらつく人は、おなかのインナーマッスルが使えていません。P40に戻って、しっかり骨盤をまるめ、へそで床を押すイメージで再チャレンジを!

背面のエクササイズ

ろっ骨を締め、くびれをつくる

1

あおむけの姿勢（P40-**1**）になる。両手は体の横に置く。

2

吸う	5秒
吐く	5秒

息を吸い、吐きながら、骨盤をまるめて、尾骨から順番に、背骨を床から離していく。

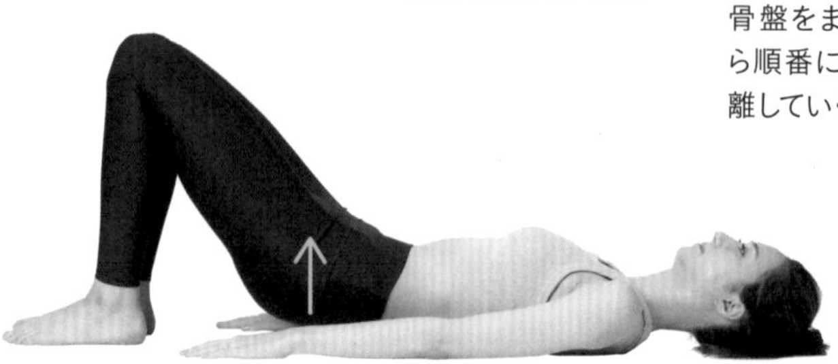

動画はこちら

筋トレやヒップアップ目的のイメージが強いヒップリフトですが、ろっ骨を締めるのにとても優秀なエクササイズ。**背骨を1個ずつ動かすような感覚でていねいに行いましょう。**

止める	5秒
吸う	5秒
吐く	5秒

3

お尻を持ち上げたら、肩からひざが一直線になるようにし、5秒息を止める。さらに息を吸って、背中に息を入れ、吐く息で、**2**とは逆の順に背中を下ろしていく。**2**、**3**を繰り返す。

✓ 伸びしろポイント!

お尻を持ち上げるときに腰が反ってしまう人は、背中と前ももがサビています。P42とP112のエクササイズを入念に行って再チャレンジを!

2週目

わきのスイッチONでくびれづくり

背中がやわらかくなったら、さらに“ろっ骨きゅっ”の状態をキープできるように。2週目のポイントは、サビて使えていないわきのスイッチ（前鋸筋）をしっかりはたらかせること。わきのスイッチが使えるようになるとろっ骨が締まり、くびれにも直結します。

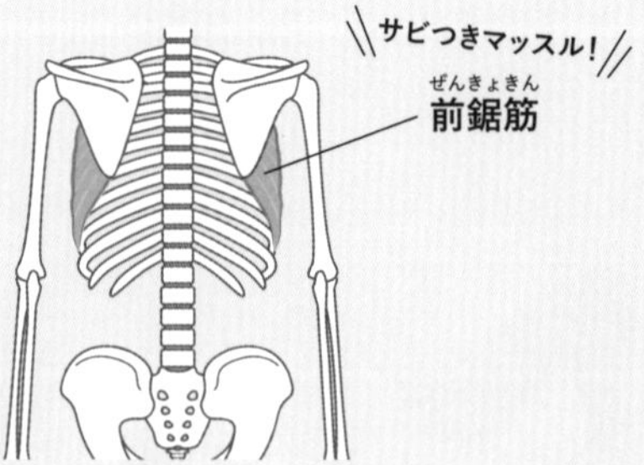

4つのメニューを実践

わき腹のストレッチ

ろっ骨を持ち上げて、くびれる！

→P66

背中をまるめるストレッチ

背中のハミ肉除去

→P68

下腹のエクササイズ

脱！ 寸胴なウエスト

→P70

背骨のツイストエクササイズ

がちがちの背中をほぐす

→P72

わき腹のストレッチ

ろっ骨を持ち上げて、くびれる!

ANOTHER ANGLE

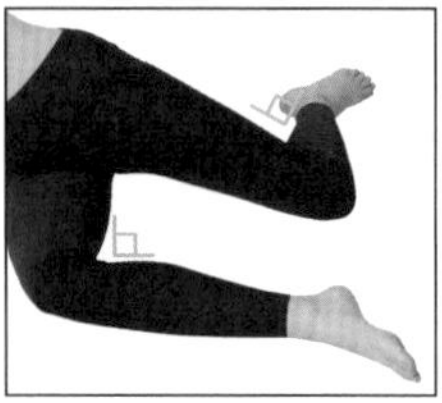

1

お姉さん座りで両脚を崩し、それぞれのひざを90度に曲げる。

2

肩の下にひじを置き、ひじで床を押す。もう片方の手を伸ばして、ろっ骨を持ち上げる。

ZOOM

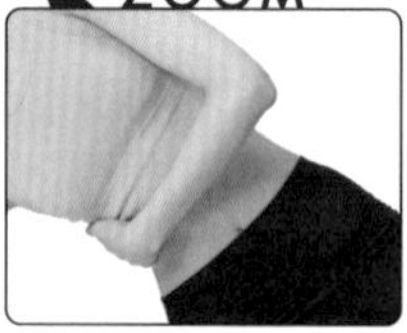

慣れるまでは、手を使ってろっ骨を引き上げてもよい

動画はこちら

ストレッチのポイントは、ただ伸ばすだけでなく、筋肉を伸ばしながら使うことです。**わきが“きゅっ”と締まる感覚を持ち、伸ばしている腕側のわき腹を気持ちよくストレッチ!**

吸う	5秒
吐く	5秒
止める	5秒

3

骨盤からろっ骨を持ち上げるように、腕を頭のほうへ伸ばしていく。この体勢でサビ取り呼吸（P34）を繰り返す。反対側も同様に行う。

✓ 伸びしろポイント!

首が痛くなる場合は、ろっ骨の上部の位置が下がっている可能性があります。P44のエクササイズをしっかり行ったうえで取り組むと、ろっ骨の上部が正しい位置になり、首がラクになります。

背中をまるめるストレッチ

背中のハミ肉除去

1

P67-**3**の体勢になる。

2

ろっ骨を持ち上げた状態のまま、胸を床に向けて背中をまるめる。床につけたほうのひじで、ずっと床を押しておく。

※**1**と**2**は準備プロセスです。**3**からが本番。

動画はこちら

姿勢が悪いと背中がまるまりっぱなしで、筋肉の伸張性が失われ、背中のたるみが気になり始めます。背中の筋肉を大きく動かすことで、**美しいバックラインをつくっていきましょう。**

3

吸う	5秒
吐く	5秒
止める	5秒

前に伸ばして床につけた指先と背中で引っ張り合う意識で、背中をまるめ、息を吸う。吐く息で、さらに下側（右手）のひじで床を押し、おなかがうすくなるようにする。この体勢でサビ取り呼吸（P34）を繰り返す。反対側も同様に行う。

✓ 伸びしろポイント！

背中をまるめたときに肩がすくんでしまうのは、わきのスイッチ（P64参照）が入りきっていないからです。P108のエクササイズを特訓して、“筋肉を伸ばしながら使う”という感覚を身につけましょう。

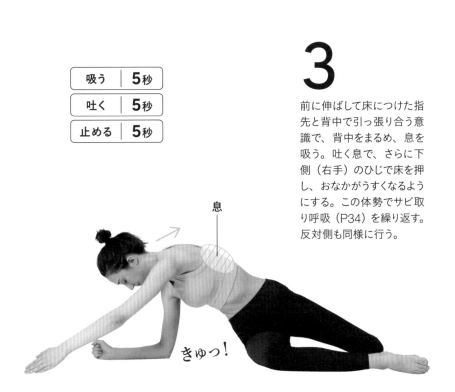

下腹のエクササイズ

脱！寸胴なウエスト

1

P69-**3**の体勢になる。
さらに胸を床に向けて、
肩の下に両ひじをセット
する。

2

両ひじで床を押して、
背中をまるめる。

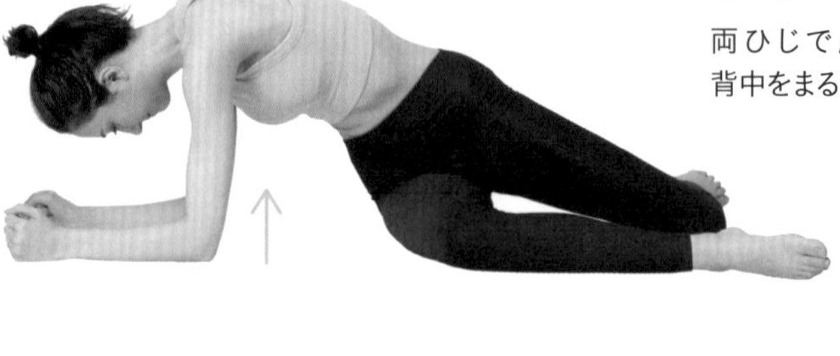

動画はこちら

ろっ骨が開いた状態で腹筋運動をしてしまうと、寸胴なおなかに…。**背中をまるめ、ろっ骨を締めたままおなかを使えば、砂時計のようなきれいなくびれが生まれます。**

3

息を吸い、吐く息で背中をまるめ、お尻を床から持ち上げ、息を吸って、下ろす。これを10回ほど繰り返す。反対側も同様に行う。

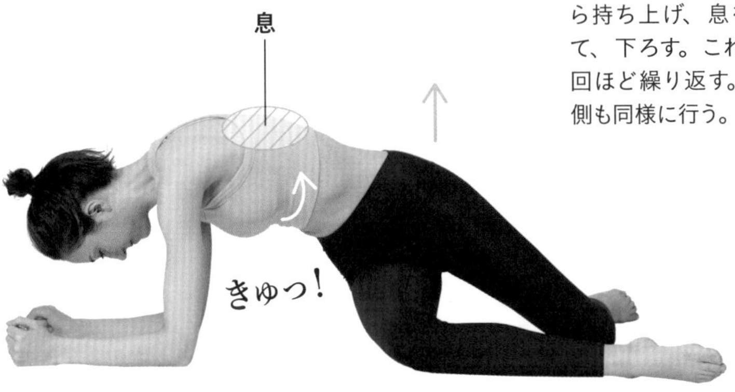

伸びしろポイント!

お尻を持ち上げたときに背中が反ってしまったら、ろっ骨が締まっていないサイン。しっかり背中をまるめて、息を吐ききったときに持ち上げてみましょう。

背骨のツイストエクササイズ

がちがちの背中をほぐす

1

P66-**2**の体勢になる。

2

息を吸って、息を吐きながら、伸ばした手を反対側のわきの下に通していく。このとき、ろっ骨がしっかり動いていることを意識する。

動画はこちら

背中にこりや痛みがある人は、普段から呼吸が浅く、背骨がサビています。**骨盤を固定してろっ骨をねじることで、背中の筋肉をゆるめて、こりを取り除いていきましょう。**

3

肩を床につけ、この体勢でサビ取り呼吸（P34）を繰り返す。反対側も同様に行う。この体勢がつらい人は、肩の下にタオルを敷いて行ってもOK。

吸う	5秒
吐く	5秒
止める	5秒

ANOTHER ANGLE

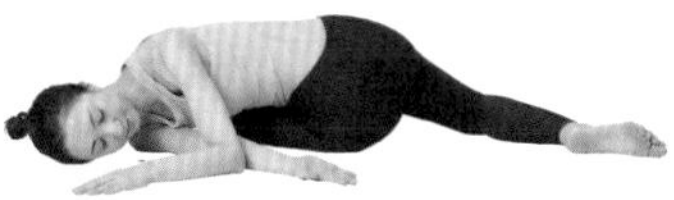

※写真は反対の手（逆方向のひねり）で行っているもの。

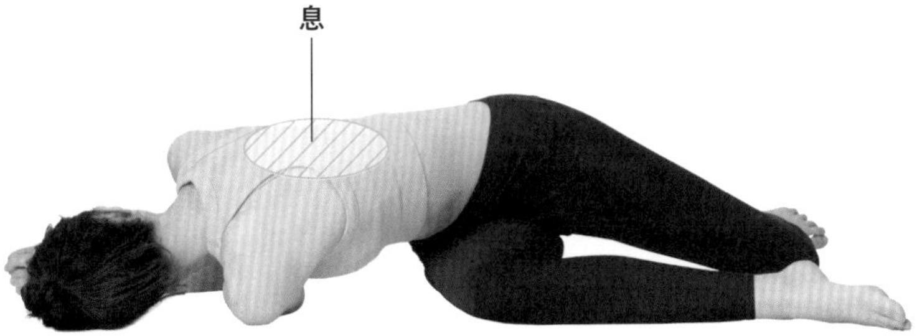

✓ 伸びしろポイント！

お尻も一緒にストレッチ感が出ます。股関節がつらい人は、脚を崩すか、P114のお尻のエクササイズをしっかり行って再チャレンジを！

3週目

ろっ骨のゆがみを改善する

悪い姿勢が続くとろっ骨はゆがんでしまいます。3週目では、ろっ骨の左右差をなくし、ゆがみを改善することにフォーカス。ポイントは、ろっ骨や背中まわりの筋肉をしっかり動かすこと。ゆがみのないろっ骨を目指しましょう。

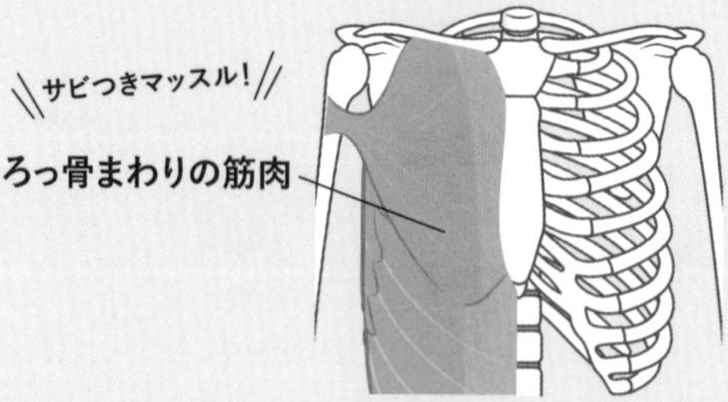

4つのメニューを実践

ろっ骨を持ち上げるエクササイズ
くびれの左右差を改善
→P76

ろっ骨の左右差改善エクササイズ
呼吸を深めてリラックス
→P78

背骨のツイストエクササイズ
背中すっきりで天使の羽を
→P80

肩甲骨のエクササイズ
背中の張りとこりを取る
→P82

ろっ骨を持ち上げるエクササイズ

くびれの左右差を改善

1

あぐらを組み、両手でろっ骨の下部を持つ。息を吸い、ろっ骨を内側に締める。

2

息を吐きながら、上半身を横に倒していく。片方のろっ骨を抱っこして、持ち上げるようなイメージで。**1**と**2**を10回ほど繰り返す。

※**1**と**2**は準備プロセスです。**3**からが本番。

動画はこちら

ろっ骨がゆがんでいると、くびれの左右差が生じてしまいます。**動きにくいほうのろっ骨は、特にゆがんでいるかもしれないので、重点的に行いましょう。**

吸う	5秒
吐く	5秒
止める	5秒

3

ろっ骨を引き上げた体勢でサビ取り呼吸（P34）を繰り返す。反対側も同様に行う。息を吸ったときに、ろっ骨が膨らむのを感じるように。下側のろっ骨は締める意識で。

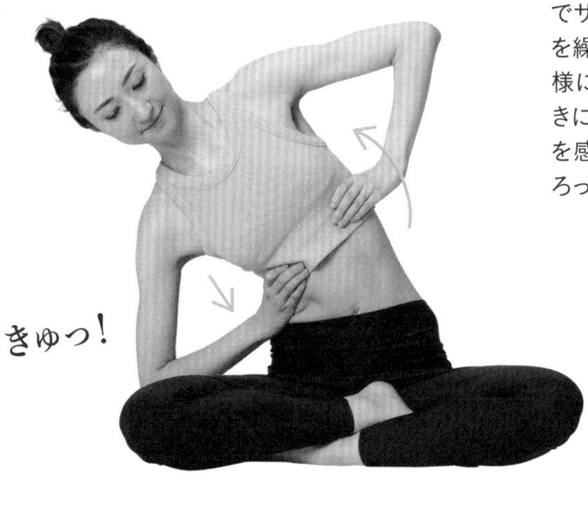

もうひとつがんばれそう!

片方の手を床に置き、もう片方の手を上げて側屈します。

ろっ骨の左右差改善エクササイズ

呼吸を深めてリラックス

ANOTHER ANGLE

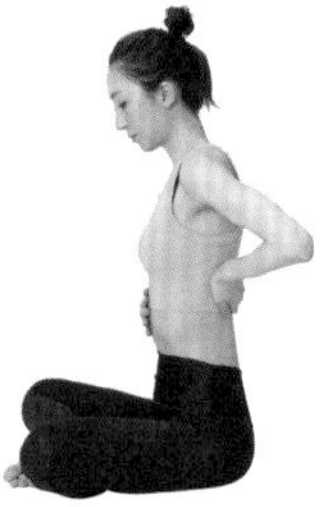

1

あぐらを組む。片方の手をろっ骨の下側に、もう片方の手を背中（ろっ骨にあてた手とは左右反対になる）にあてる。

ANOTHER ANGLE

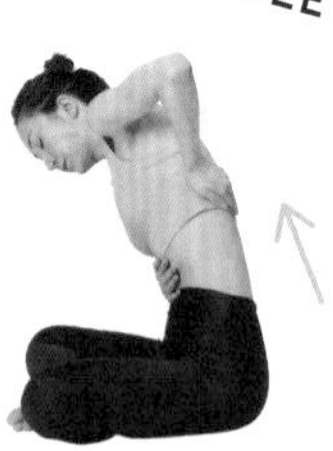

2

息を吸い、吐きながら、ろっ骨の前側を体の中にしまうようなイメージで、背中をまるめる。**1**と**2**を10回ほどを繰り返す。

動画はこちら

「いつも背中の右側だけが張っているな…」なんてことありませんか？ それはまさにろっ骨の左右差のせい。**詰まっている側の背中にスペースをつくり、ろっ骨のゆがみを整えましょう。**

吸う	5秒
吐く	5秒
止める	5秒

ANOTHER ANGLE

3

慣れてきたら、両手を斜め前の床に置き、息を吸う。息を吐きながら、両手で床を押し、ろっ骨を押しこむ。この体勢でサビ取り呼吸（P34）を繰り返す。反対側も同様に行う。

✓ 伸びしろポイント！

手で床を押したときに肩が上がってしまう人は、わきのスイッチ（P64参照）が入っていません。P108のエクササイズで特訓しましょう。

背骨のツイストエクササイズ

背中すっきりで天使の羽を

1

あぐらを組む。片方の手を胸にあて、もう片方の手をひざの内側にセットする。息を吸い、吐きながら、ろっ骨を内側に締める。

2

息を吸い、吐きながら、上半身をねじる。

※1と2は準備プロセスです。3からが本番。

動画はこちら

ろっ骨の動きが悪いと、肩甲骨の動きも悪くなり、背中がもたついてしまいます。**肩甲骨を背骨に近づけるイメージで上半身をねじり、すっきり引き締まった背中をつくりましょう。**

吸う	5秒
吐く	5秒
止める	5秒

3

手を遠くに伸ばし、上半身をさらにねじる。背骨は上に伸びていくイメージで。この体勢でサビ取り呼吸（P34）を繰り返す。反対側も同様に行う。

✓ 伸びしろポイント!

「体がぐらぐらする」という人は、おなかのインナーマッスルが弱くなっている証拠。座り姿勢のストレッチではそれが顕著にあらわれます。P56のエクササイズを行い、再チャレンジを。

肩甲骨のエクササイズ

背中の張りとこりを取る

1

あぐらを組み、両手をひざに乗せる。

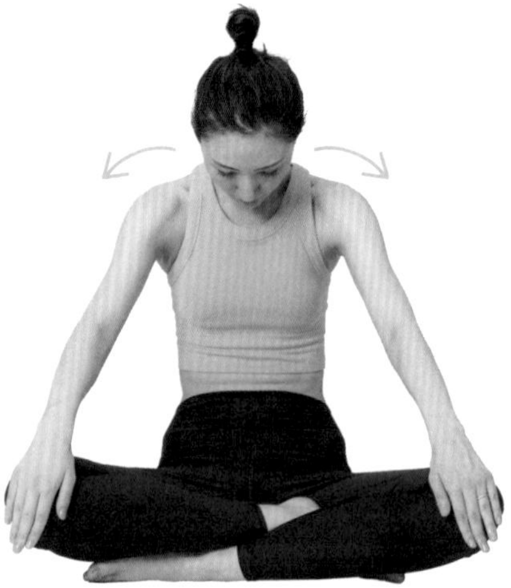

2

息を吸い、吐きながら、ろっ骨を締め、背中をまるめる。肩甲骨が開いていくイメージで。

※**1**と**2**は準備プロセスです。**3**からが本番。

動画はこちら

姿勢が悪いと肩甲骨まわりの筋肉もサビつき、張りやこりを感じやすくなります。**背中をまるめて伸ばすことで、羽が生えたように軽い背中を手に入れましょう。**

吸う	5秒
吐く	5秒
止める	5秒

3

両手を前に伸ばして組む。このとき、肩が上がらないように注意。手とみぞおちで引っ張り合うように、背中をまるめ、肩甲骨を開いていく。この体勢でサビ取り呼吸（P34）を繰り返す。

✓ 伸びしろポイント！

後ろにひっくり返りそうになる場合は、へそをおなかの中にしまう感覚で行ってみましょう。P70のエクササイズをしたうえで行うのがおすすめ。

4週目

おなかのインナーマッスルを使えるカラダへ

ろっ骨の位置が整い、呼吸しやすくなった体をキープして、サビつかない体にしていきます。ポイントは、おなかのインナーマッスル（腹横筋）を使えるようにすること。骨盤や股関節のエクササイズを取り入れながら、ろっ骨と下半身を少しずつつなげていきましょう。

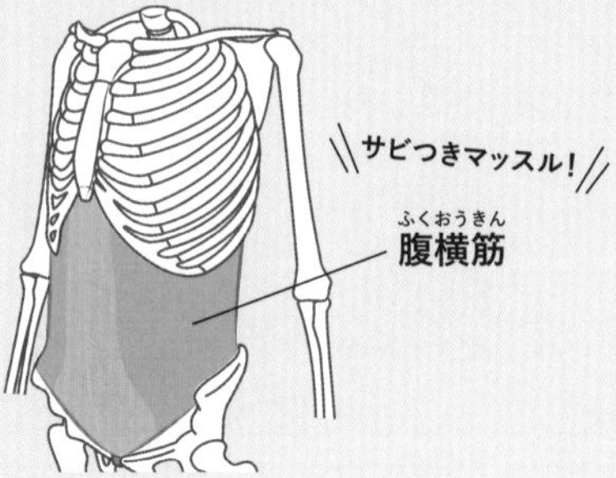

4つのメニューを実践

チャイルドポーズ

反り腰改善で深い呼吸に

→P86

股関節のエクササイズ

内ももにすきまができる

→P88

おなかのエクササイズ

下腹を引き上げる

→P90

背骨のエクササイズ

やわらかい背中で深い呼吸を!

→P92

チャイルドポーズ

反り腰改善で深い呼吸に

1

四つん這いになる。

2

息を吸い、吐きながら、
背中をまるめて、お尻を
かかとの上に乗せる。

※**1**と**2**は準備プロセスです。**3**からが本番。

動画はこちら

ヨガでも定番のポーズですが、呼吸が浅く、ろっ骨が開いていると、背中がうまくまるまりません。寝る前に行うと、副交感神経が優位になって眠りやすく、翌朝の目覚めもすっきり。

吸う	5秒
吐く	5秒
止める	5秒

3

両手を伸ばし、上半身を脱力させる（ヨガのチャイルドポーズ）。腰をしっかりまるめ、みぞおちを体の中にしまうイメージで。この体勢でサビ取り呼吸（P34）を繰り返す。

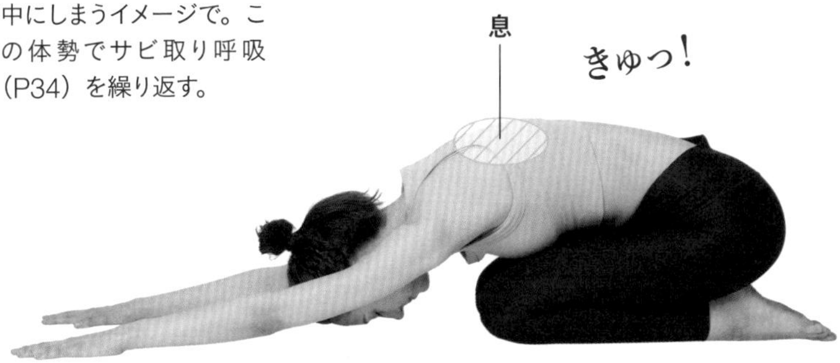

✓ 伸びしろポイント!

お尻がかかとから浮いたり、太ももの前側が詰まった感じがしたりする場合は、股関節がサビついています。P114のエクササイズを入念に行いましょう。

股関節のエクササイズ

内ももにすきまができる

1

四つん這いになる。お尻をかかとに下ろして、もとに戻る。これを10回ほど繰り返す。ここでは、自然に呼吸をしてよい。

動画はこちら

股関節が内向き（内股）だと、内ももにすきまはできません。**内股のままで内ももをやみくもに鍛える前に、まずはこのストレッチで股関節と骨盤の動きをよくしていきましょう。**

2

慣れてきたら、重心を手のほうに移動させる。尾骨をまるめ、おなかがうすくなるようなイメージで、おなかを引き上げる。

繰り返す

吸う	5秒
吐く	5秒
止める	5秒

3

この体勢でサビ取り呼吸（P34）を繰り返す。手でしっかり床を押し、下腹とお尻の下側に“きゅっと感”があればOK！ **2**に戻って繰り返す。

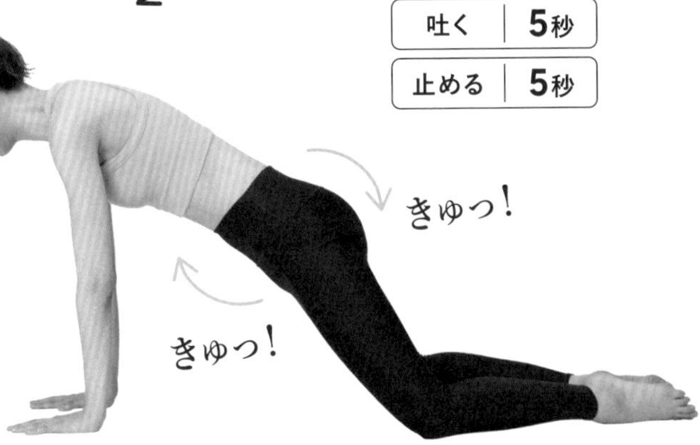

おなかのエクササイズ

下腹を引き上げる

1

うつぶせになり、両手を重ねて、その上におでこを乗せる。

ZOOM

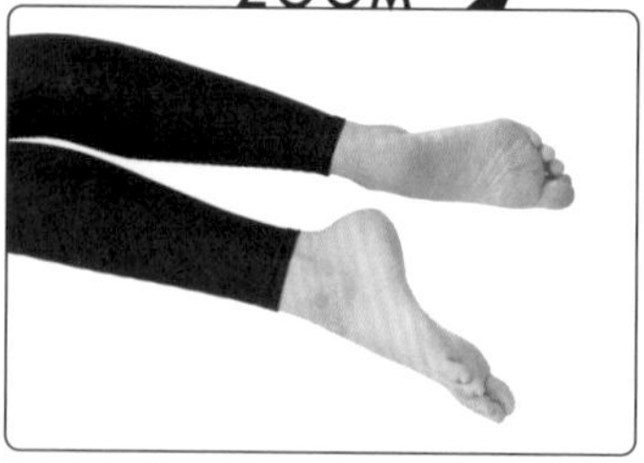

足を八の字にして置くと、脚の筋肉がリラックスした状態になる

動画はこちら

地味なエクササイズに見えますが、P86-89ができて、やっとつながる動き。**骨盤、股関節の動きと、ろっ骨を締める力がピタッと合わさったとき、おなかのインナーマッスルが目覚めます。**

吸う	5秒
吐く	5秒
止める	5秒

2

息を吸い、吐きながら、尾骨をまるめて、恥骨に体重を乗せる。床からおなかが浮くようにし、この体勢でサビ取り呼吸（P34）を繰り返す。

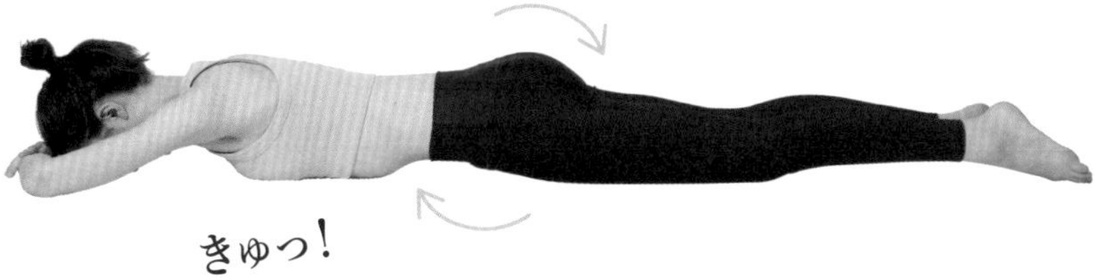

伸びしろポイント!

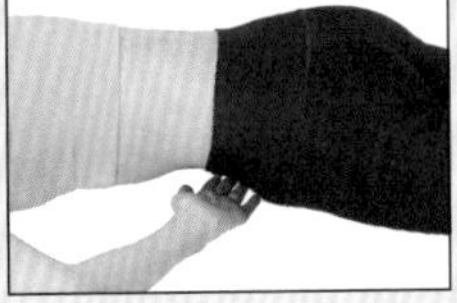

息を吸うたびにおなかがゆるむ感覚のある人は、おなかのインナーマッスルが弱っています。おなかの下にトンネルをつくるイメージで、おなかを引き上げて息を吸ってみましょう。慣れないうちは手のひらをおなかの下に入れて行ってもOKです。

背骨のエクササイズ

やわらかい背中で深い呼吸を！

1

あおむけになり、両手を体の横に置く。両脚を天井のほうへ持ち上げる。

2

腰に両手をあて、背中がゆっくり床から離れていくようにお尻を持ち上げる。

※1と2は準備プロセスです。3からが本番。

動画はこちら

いよいよ集大成！**骨盤をまるめる、ろっ骨を締める、おなかのインナーマッスルを使う…、すべてがそろって成り立つエクササイズです**。背中がかたいとつらいので、無理をせずに。

吸う	5秒
吐く	5秒
止める	5秒

3

ひざを軽く曲げて息を吸い、吐きながら、脚を自分から見て右側に振る。この体勢でサビ取り呼吸（P34）をする。お尻の穴を締めるイメージで行うと、体幹が安定する。反対側も同様に行う。

✓ 伸びしろポイント！

脚を下ろすときに「ドスン！」となる人は、背中から腰がかたくなっています。P68のエクササイズでコンディションを整えましょう。慣れないうちは、ひざをさらに曲げて行うと負荷が小さくなりますよ。

Part 3

サビ取り総仕上げ

ろっ骨の位置が整い、呼吸が深くできるようになったとしても
それがストレッチ中だけでは、もったいないです。
大切なのは普段の呼吸がどうあるか。立った状態でも、
ろっ骨の位置が正しくなるようにしていきます。
普段、正しい呼吸が無意識にできていてこそ、
サビない体の完成。
毎日のストレッチの仕上げに行いましょう。

（ パート別ストレッチ ）

壁を使ったろっ骨下部のエクササイズ

ろっ骨きゅっでくびれづくり！

→P96

壁を使ったろっ骨上部のエクササイズ

デコルテを持ち上げて
バストアップ！

→P98

かかとアップダウン

コアから全身をつなげる

→P100

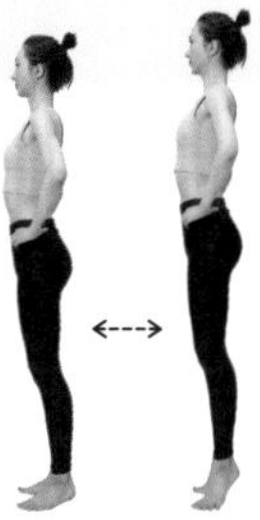

壁を使ったろっ骨下部のエクササイズ

ろっ骨きゅっでくびれづくり!

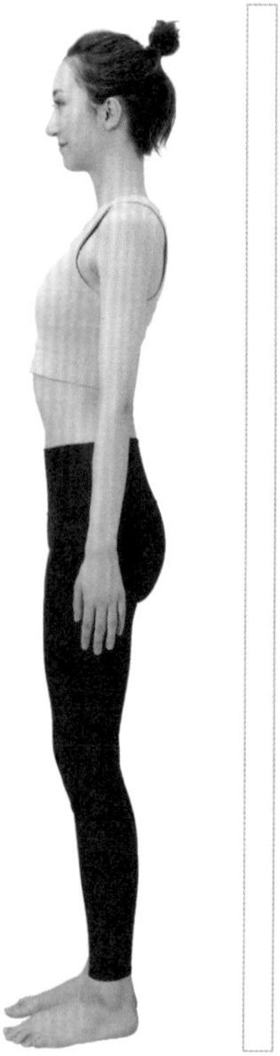

1

壁に背中を向け、壁から足1つ分前に、足を肩幅に広げて立つ。

2

壁によりかかり、両手で腰骨の指1本分内側をさわり、骨盤をまるめる 。ひざはゆるめておく。

動画はこちら

これまでに行ったエクササイズを、立った状態でも同じようにできるか確認。**前ももや肩などに力が入ってしまうのは、体の使い方が定着していない証拠**。Part1、2を復習しましょう。

3

両手でろっ骨の下部をさわり、息を吸って、みぞおちで壁を押しこんでいくイメージで、息を吐く。

吸う	5秒
吐く	5秒
止める	5秒

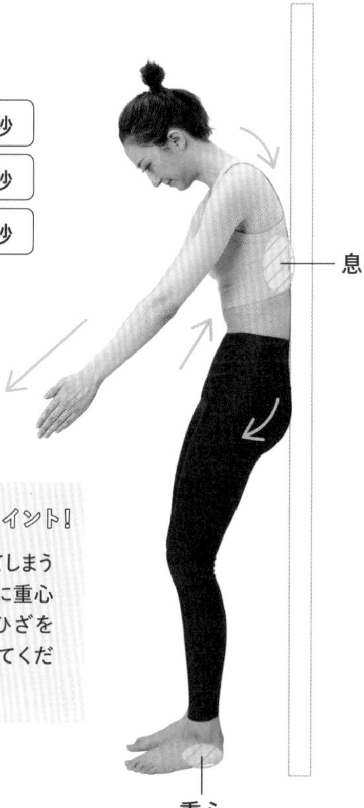

✓ 伸びしろポイント!

前ももを使ってしまう人は、かかとに重心がくるよう、ひざをゆるめて行ってください。

4

両手を斜め下に伸ばし、息を吸い、背中側に息を入れる。息を吐きながら、手をさらに伸ばし、骨盤をまるめる。この体勢でサビ取り呼吸（P34）を繰り返す。背中と腰全体で壁を押し、指先と引っ張り合いっこしているイメージで。

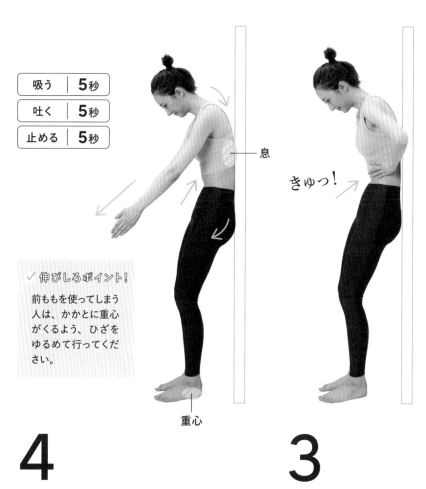

壁を使ったろっ骨上部のエクササイズ

デコルテを持ち上げてバストアップ!

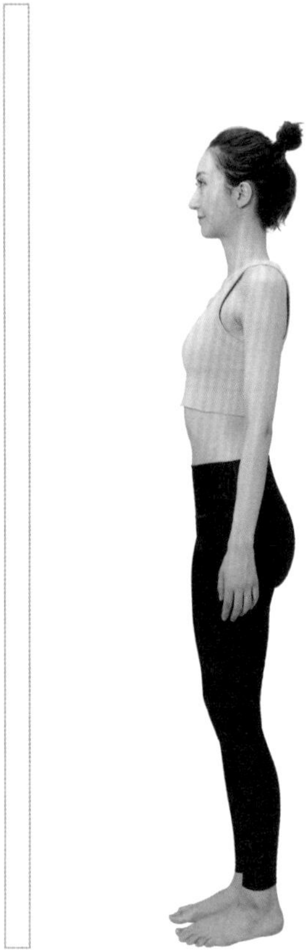

1

壁と向かい合い、一歩離れたところに立つ。

2

両手を壁に置く。

動画はこちら

デスクワークや家事などでどうしてもゆがみやすいろっ骨の上部。**立った状態でも胸に息が入る感覚を得られるよう、繰り返し行いましょう。**

吸う	5秒
吐く	5秒
止める	5秒

3

息を吸い、吐きながら、お尻を突き出し、胸を反らしていく。首を反らして、目線を指先に持っていくと左右の肩甲骨の間に感覚を得られる。この体勢でサビ取り呼吸（P34）を繰り返す。

✓ 伸びしろポイント！

肩に力が入る人はP110で胸へ、腰がまるまってしまう人はP88で股関節へのアプローチを再度行ってください。

かかとアップダウン

コアから全身をつなげる

1

つま先を外側に広げて立ち、両手を腰にそえる。息を吸い、吐きながら、ろっ骨の下部を締め、上部を引き上げる。

2

息を吸い、吐きながら、お尻を突き出す。ひざはつま先と同じ方向に曲げる。

動画はこちら

ろっ骨の下部を締め、上部を引き上げたまま、正しい体の使い方を練習します。**おなか、お尻、内ももが自然と使われている感覚があれば、ろっ骨が正しい位置にある証拠です。**

3

息を吸って、吐きながら、骨盤をまるめて、内ももを締め、ひざを伸ばしていく。**2**と**3**を繰り返す。

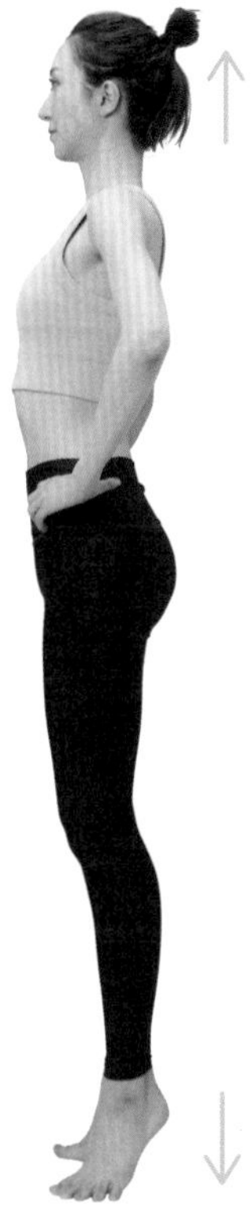

4

おなかの“きゅっと感”を得られたら、まっすぐに立ち、体が真上に伸びるようなイメージでかかとの上げ下げをする。これを繰り返す。

✓ 伸びしろポイント！

重心が安定しない人は、まだ、全身をつなげられていません。Part2の各週のエクササイズを繰り返しましょう。また最初のうちは、壁に手をあてて行ってもよいです。

+α

おまけでやりたい!
ブレストレッチ集

「なんかうまくいかないな…」と思ったときに

ぜひやってほしいブレストレッチを

部位別で紹介していきます!

4週間のブレストレッチの気分転換としても

取り入れることもおすすめです。

（　+6メニュー　）

手首・ひじのストレッチ
腕がだる重い！ 肩こりさんに
→P104

背中のストレッチ
反り腰リセットで深い呼吸を！
→P106

わきのスイッチのエクササイズ
首・肩こりとサヨナラしよう！
→P108

胸を反るエクササイズ
ストレートネックを改善
→P110

前もものストレッチ
美脚はろっ骨からつくれる！
→P112

お尻のストレッチ
股関節のつまり感が不快！
→P114

手首・ひじのストレッチ

腕がだる重い！ 肩こりさんに

1

あぐらを組む。片方の手を前に出し、親指を下にして、もう片方の手で親指を持つ。

2

親指を胸のほうに向かって、親指のつけ根から引き寄せる。

✓ 伸びしろポイント！

押し出した手と、親指を持った手で引っ張り合いっこしているイメージで行うと、より効果を得られます。

※P104、105のエクササイズとも、呼吸を止めなければ、自然な呼吸でOKです。

動画はこちら

猫背の人は肩が内に巻き、腕まわりの筋肉や関節がサビているかも。体を変えるためには、**体の末端の使い方も重要です。普段忘れがちな手首、ひじのメンテナンスもしましょう。**

1

片方の腕を肩の横に広げて、ひじを90度曲げる。ひじから先の腕で円を描くように時計回りとは反対に回す。反対側も同様に行う。

2

3

✓ 伸びしろポイント！

立ったときにひじの内側が腰に向いている人は、猫背確定！ 呼吸が浅く、首や肩、腕の筋肉が過度に使われているかもしれません。入念にストレッチをしてほぐしてください。

背中のストレッチ

反り腰リセットで深い呼吸を！

吸う | 5秒

1

四つん這いになり、肩の下に手を置き、骨盤の下にひざを置く。片方の手を前方にセット。ここで息を吸う。

吐く | 5秒

2

息を吐きながら、伸ばした腕のわきを床に近づけていく。

※**1**と**2**は準備プロセスです。**3**からが本番。

動画はこちら

腰から肩の内側にかけてつながった大きな筋肉・広背筋がかたまっていると、反り腰や、骨盤のゆがみ、巻き肩を招いてしまいます。**広背筋のサビはしっかり取り除きましょう。**

吸う	5秒
吐く	5秒
止める	5秒

3

伸ばした腕の指先とお尻で引っ張り合うように、この体勢でサビ取り呼吸(P34)を繰り返す。伸ばしている腕側のわき腹に息を入れるイメージで。反対側も同様に行う。

ANOTHER ANGLE

✓ 伸びしろポイント!

お尻が左右にずれないように気をつけて、指先とお尻で引っ張り合いっこする感覚も忘れないで!

わきのスイッチのエクササイズ

首・肩こりとサヨナラしよう!

1

正座の姿勢になる。肩の下に両ひじをセットし、息を吸う。

2

息を吐きながら、ひじで床を押して背中をまるめる。この体勢でサビ取り呼吸（P34）を繰り返す。

吸う	5秒
吐く	5秒
止める	5秒

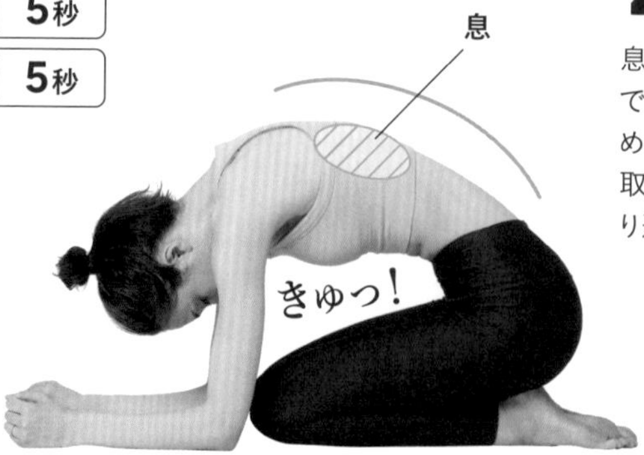

動画はこちら

わきのスイッチ（P64参照）が抜けていると、肩甲骨が不安定になるため、肩が上がりやすくなります。これが首・肩こりの原因。**わきのスイッチを入れる特訓をしましょう！**

1

アレンジバージョン

P108のアレンジバージョンです。両ひじをつけて行うのがつらい場合、ひじを伸ばした状態で行ってみましょう。肩が上がってこないように気をつけてください。

2

吸う	5秒
吐く	5秒
止める	5秒

胸を反るエクササイズ

ストレートネックを改善

1

四つん這いになる。

✓ 伸びしろポイント!

肩に痛みを感じる場合は、肩甲骨を引き寄せて、耳の後ろにすくめるようなイメージで行ってください。ストレートネックの人には、毎日行っていただきたいストレッチです。

動画はこちら

ストレートネックの人は、ろっ骨の上部が落ちて、首が前に出た状態に。このままでは正しくストレッチが効かされません。**胸の裏側のサビを取り除き、首の位置を整えていきましょう。**

2

両手を前に伸ばし、胸を床に近づける。腰を反らないように注意。この体勢でサビ取り呼吸（P34）を繰り返す。

繰り返す

吸う	5秒
吐く	5秒
止める	5秒

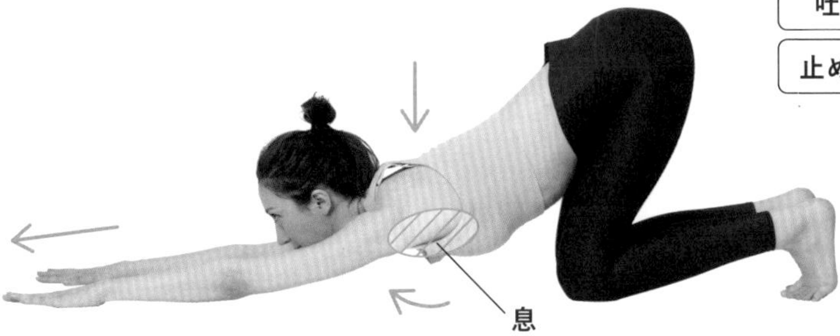

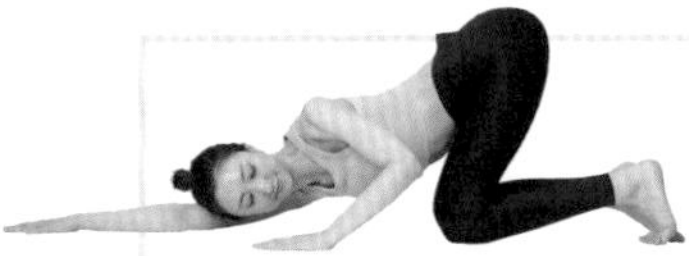

もうひとつがんばれそう！

片手だけを伸ばして行ってもOK。左右のゆがみの改善により効果的です。

前もものストレッチ

美脚はろっ骨からつくれる！

1

床に座り、両脚を伸ばし、両手を体の後ろに置いて、姿勢を安定させる。

2

片方のひざを曲げて足の甲を床につけ、もう片方の足を曲げたほうのひざの上に乗せる。

動画はこちら

前ももの張りは、まさにアウターマッスルのサビ。ここがかたまっていると、ろっ骨が締まりません。**美脚のためにもろっ骨の位置を整えながら、前ももを伸ばしましょう。**

吸う	5秒
吐く	5秒
止める	5秒

3

息を吸い、尾骨をまるめ、ろっ骨を締める。息を吐ききる。この体勢でサビ取り呼吸（P34）を繰り返す。反対側も同様に行う。

✓ 伸びしろポイント!

ひざが浮いてしまう人は、前ももがかなり緊張した状態。P62のヒップリフトのエクササイズも有効です。美脚をつくるには、前ももと裏ももの筋肉バランスを整えるのが重要!

もうひとつがんばれそう!

上半身を床に倒してあおむけの状態で行うと、ストレッチの強度が増します。

お尻のストレッチ

股関節のつまり感が不快!

1

四つん這いになる。

2

片方のひざを内側に90度に曲げ、足をもう片方のひざに引っかける。息を吸って、ろっ骨を内側に締める。

※呼吸を止めなければ、自然な呼吸でOKです。

動画はこちら

あぐら座り（P76〜83）やチャイルドポーズ（P86）がうまくできない人は、股関節ががちがち。そのままだと**そもそもストレッチの体勢がつらいので、お尻をしっかりほぐしていきましょう。**

3

吐く息で、骨盤を曲げたひざのほうにスライドさせる。ろっ骨が一緒に動かないように注意。反対側も同様に行う。

✓ 伸びしろポイント!

足を引っかけたときに、すねが斜めになる人は、お尻のインナーマッスルがサビつき気味。ストレッチを繰り返し、入念にほぐしましょう。

姿勢は意識しないほうがいい!?

「背筋を伸ばしましょう」「胸を開きましょう」「骨盤を立てましょう」という言葉。みなさんも実際にいわれたり、日常生活で意識したりしたことがあるのではないでしょうか。でも、それができない、もしくはできても５分後にはいつもの悪い姿勢に戻ってしまうから困っているわけですよね。

実際、姿勢を意識することは、体にとってあまりいいことではありません。そもそも姿勢とは、骨が積み重なっているジェンガのようなもので、関節がジョイント部分で、骨が正しい位置からずれないように、インナーマッスルが支えています。しかし、意識してつくった姿勢は、関節が動ける状態にない、かつインナーマッスルが使えていない不安定な状態で、それらを無視してアウターマッスルで無理やり表面だけ、とりつくろった姿勢なのです。つまり、骨組み（構造）が変わっていないのにもかかわらず、外側ばかり見栄えをよくしているということです。

これが、姿勢を意識しても５分後には、無意識にいつもの悪い姿勢に戻ってしまう原因。姿勢を変えるには“無意識によい姿勢がとれちゃう”のが理想で、そのためには日々のストレッチで少しずつ関節の動きをよくし、インナーマッスルを活性化させることが必要なのです。

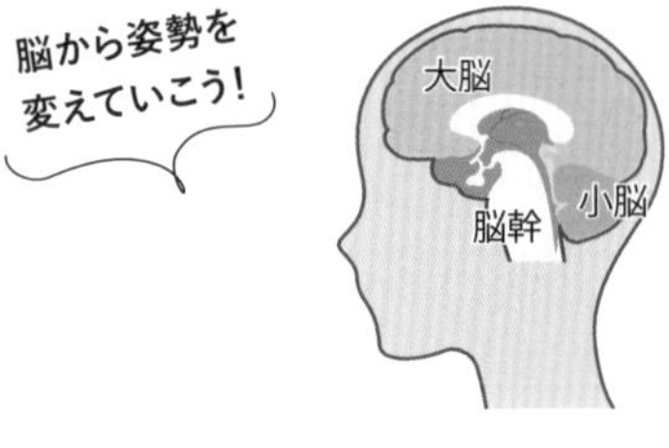

脳の“正しい姿勢”のプログラミングが変わっていないのに、無理やり見た目だけをとりつくろっても意味がない。

サビ取りQ&A

お家でひとりでブレストレッチをしていると、「ちゃんとできているのかな」「これ、合ってる?」など不安や疑問が出てきますよね。
スタジオやオンラインレッスンで生徒さんからよく聞かれる疑問に対して、“具体的になにを集中的にやったら改善されるのか”をお答えしていきます!

Q.1 おなかをへこますには、腹筋運動もしたほうがいいですよね?

Answer

サビついた体での腹筋運動は逆効果です。腹筋をすると「おなかだけじゃなくて首が疲れる…」なんていう人も多いのでは？ろっ骨が開いている状態では、うまく背中をまるめることができないため、首や肩が代償となり、おなかのインナーマッスル（腹横筋）へのアプローチがしにくいのです。おなかをへこますためには、インナーマッスルを鍛えること。そのためには**ブレストレッチだけで十分。**特にP40とP70のエクササイズを集中的に。

Q.2 背中に呼吸を入れるという感覚がわかりません。

Answer

背中まわりの筋肉がサビつくと、ろっ骨がスムーズに開いたり閉じたりできないため、背中側に呼吸が入りにくくなってしまいます。でもこれに気づけたことこそが“伸びしろ”です。わからないからといって放置してしまったら、体はますますサビついてしまうので、ストレッチを何度も繰り返しましょう。おすすめは、P106の背中を伸ばすエクササイズ。**背中まわりの大きな筋肉が一気にゆるんで、背中側に呼吸が入りやすくなります。**

Q.3 呼吸をするとき、どうしたら首や肩に力が入らないようにできるのでしょうか？

Answer

首や肩に力が入る理由は２つあります。１つ目は横隔膜がはたらいておらず、呼吸補助筋といわれる首や肩の筋肉ががんばりすぎているから。ろっ骨が正しい位置にあれば、横隔膜がはたらき、それらは抑制できます。２つ目はストレートネックや猫背などにより、背骨の首側が不安定で首や肩まわりの筋肉で支えようとしてしまうから。首の位置を改善すると、首や肩まわりはラクになります。P110のエクサイサイズを入念に行いましょう。

Q.4 ろっ骨の左側だけが開いているような感じがします。

Answer

誰でも多少は左右差があります。なぜなら、体の構造的に内臓の位置が左右非対称だからです。肝臓は右側にあり、心臓は中心より少し左側にあります。そのため、体の重心にも左右差があり、それによってろっ骨にも左右差ができてしまいます。なので、ろっ骨の左右差はそこまで気にしなくてもOK。だけど、明らかにゆがみがひどいような場合は、日常生活での体の使い方が大きく影響している可能性もあるので、P78のエクササイズで、背中の左右差をとっていきましょう。

Q.5　ろっ骨の上部を引き上げようとすると、ろっ骨が開いてしまいます。

Answer

原因は、ろっ骨の上部、下部ともにサビついていることです。まず大切なのは、詰まっている背中にスペースをつくって、ろっ骨の下部を締めること。そうすることで、パワーハウスが使えるようになり、体幹も安定してきます。そして次にろっ骨の下部を締めたまま、ろっ骨の上部を持ち上げる練習をしていきましょう。そうすることで、コアをはたらかせた状態で、デコルテを持ち上げることができるようになり、少しずつろっ骨が正しいフォルムに近づいていきます。P42、P44 のエクササイズを繰り返すのがおすすめ。

Q.6　気づいたら呼吸が止まっています。対処法はありますか？

Answer

体は環境にも大きく影響を受けるので、緊張する場面などで呼吸が浅くなるのは当たり前のことです。しかし、日常的に呼吸が止まっていたら要注意。そもそも呼吸ができる状態にないのかもしれません(＝ろっ骨ぱっかーん)。ろっ骨の位置がずれていては、気づいたときに、いくら呼吸をしても意味がありません。時間をかけながら、ろっ骨の位置をていねいに整え、普段から正しい呼吸ができる体を目指しましょう。

いつでもどこでも ブレストレッチ

日常生活の中でブレストレッチを取り入れるのもおすすめです。
すきま時間を使って、効率よくやせやすい体をつくりましょう！

am 6:00 目覚めが悪い

ベッドの上で、背骨ねじり

P58

ちゃんと寝たのに疲れが残っているときってありますよね。そんなときは寝転んだ状態でできるブレストレッチを。**背中をねじり、ろっ骨を動かして、深く呼吸をすることで、自律神経も整い、"今日も一日元気に活動する"スイッチが入ります。**

am 7:00 便秘でつらい

お手洗いで、腸を刺激！

P76

座ったままできるストレッチ。**力を抜いてリラックスしながらろっ骨を動かすことで、自律神経も整い、腸が刺激されて、すっきり快腸に！**「なんだかおなかの調子が悪いな…」ってときにぜひやりたいエクササイズです。

am 7:30 顔がむくんでいる

お化粧前に、血流促進！

P50

「鏡を見てびっくり、顔がパンパン！ テンション↓」ってときがありますよね。**リンパの通り道である首筋を伸ばすことで、首から顔まわりの血の巡りがよくなります。**血色もよくなりメイクのりバッチリです！

am 11:00 午前仕事でお疲れ

デスクで、親指ストレッチ

P104

仕事の合間に猫背リセットを。**パソコン作業などで首や肩がかたまりがちなので、神経でつながっている親指をストレッチ**。これならこっそりデスクでもできそう。

pm 4:00 疲れのピーク寸前

職場の片隅で、姿勢リセット

P98

夕方が近づくと姿勢が崩れ、終業時には「腰が痛い！」なんてことも。そんなときは、職場のトイレなどの**壁を使って、胸を伸ばすストレッチを**。ゆがんでいたろっ骨が持ち上がり、正しい姿勢に戻れます。

pm 8:00 やる気が出ない

ながらストレッチでリラックス

P112

疲れてやる気が出ない日もありますよね。そんなときはテレビを見ながらできるストレッチを。**がんばった脚を労るように、特に張りがちな前ももを伸ばしていきましょう**。

pm 11:00 明日のために

ベッドで、全身ゆるめ

P92

毎日寝る前にやりたいのが、このストレッチ。今日一日**緊張していた体を呼吸とともに一発でゆるめます**。背中がほぐれると睡眠の質もUP。また明日も“自分らしく”がんばれそう。

Interview

私の身体が変わったから、みなさんも変われる!

“体”だけ整っていても意味がない。
メンタルとフィジカルのしなやかさを
これからも探求していきたいです。

体を変えようと思ったきっかけは？

　私は昔から体を動かすことがあまり得意ではなくて、体育の授業ではしょっちゅう仮病を使っておさぼり。中高は帰宅部になるくらい運動が好きではありませんでした（笑）。部活って文化部でもウォーミングアップでランニングとかするじゃないですか。あれすらいやで運動とは無縁の学生時代でした。そんな私が体に興味を持つようになったのは社会人になってからです。新卒で大手航空会社の客室乗務員として採用いただいたのですが、あこがれていた仕事と現実はぜんぜん違いました…。重いキャリーケースのせいで肩こりからくる頭痛に毎日悩まされるわ、お客さまの荷物の上げ下げで腰が砕けそうになるわ、ずっと傾斜のような機内をヒールで動きまわって前ももがパンパンになるわ、THE体力仕事!! それまで体をちゃんと動かしたことのなかった私にとっては、想像以上に、いや遥かに超えて、かなり過酷な仕事でした（もちろんそれ以上にやりがいもたくさんありましたけどね！）。

　そしてプライベートでも10kg太ったことをきっかけに、ダイエットに毎日を縛られていたので、糖質制限や3日間断食などのほか、行きたくもないジムにも通い、とにかく〝やせなきゃ、やせなきゃ～！〟って毎日なにかに追われていて、気づいたころには心も体もぼろぼろになっていました。

　そんなときに出会ったのがピラティス。最初はなんだかよくわからなかったけど、それもまたダイエッター魂でして（笑）、当時流行りはじめで〝なんだかおしゃれだから〟という軽い気持ちで続けました。だけど次第に「体を動かすことって楽しい！」、そしてなにより「トレーナーさんに元気をもらえる！」という気持ちに。いつもスタジオに行くときは「明日仕事いやだな～」「今日のダイエット飯、なににしようかな～」って憂鬱な気持ちだったのですが、帰るときには「また明日もがんばってみるかあ！」「今日はがんばったから少しくらいご褒美を食べても大丈夫！」と前向きになれていたのです。それまで自分のいやなところや、ダメなところにばかり目を向けて、自分を否定して生きてきた私にとって、〝ダメな自分にもOKを出せるようになった〟、こんな考えになれたのは、まぎれもなく体を動かす楽しさを知ることができたおかげ。そしていつも行くたびに元気を与えてくれたトレーナーさんのおかげだと確信しました。そのことをきっかけに、私も〝体〟を通して、誰かの心と体によい影響を与えられる仕事がしたい！と思い、そこから猛勉強をして、資格などを取り、ピラティスインストラクターに転身しました。あのときの私を救ってくれたトレーナーさんのきらきらしたとびっきりの笑顔は、今でも覚えているし、私がずっと目標にしたい原点です。

どうして呼吸に注目したのですか？

　ピラティスインストラクターになって毎日レッスンをしていたある日、実はレッスンで首を痛めてしまったんです。首が回らなくなってしまって。そのとき、それがすごく悔しくて。いろいろ考えたのですが、原因はただ１つ。〝体

の使い方がへたくそだったから〞。そのときはまだインストラクターになりたてで、ピラティスの型を教えることだけで精一杯。どうしてその動きが必要なのか、それができない場合は、なにをすると動きやすくなるのかなど、考える余裕がありませんでした。それをきっかけに「型にはまらない、私のように体の使い方がへたくそだとしても、どんな方でも体が変わるレッスンをしたい！」と思うようになりました。そんな中、呼吸に注目した理由は、シンプルです。呼吸がすべてのベースだから。本書にも書いてある通り、呼吸ができない体は姿勢が悪く、機能的な体ではありません。その状態でダイエットしても過去の私のようにやっぱりうまくいかないし、筋トレしても変なところに筋肉がついて理想的なボディラインにはなりません。これは私が身をもって実証済みです(笑)。なにより呼吸は、メンタル的にも体と切っても切り離せない存在。日々お悩みを相談してくださる生徒さんの体を見ていても、圧倒的に呼吸が浅い方が多く、深く呼吸できる体に変えていくことで、メンタルが安定し、ダイエットもボディメイクも、不調改善もうまくいくことがほとんどだったんです。このことからも「あっ、やっぱり呼吸がダイエットにもボディメイクにも不調改善にもメンタルにもつながっているな」と確信しました。ダイエットやボディメイクに関していろいろな情報があふれている世の中ですが、まず私たちがすべきことは、〝人間本来の機能を取り戻し、正しく呼吸できる体にすること〞だと確信しているし、私がダイエットにたくさん苦しめられて生きてきたからこそ、そんな女性をひとりでも減らすべく、〝ダイエットは呼吸から〞っていう世の中をつくりたいです。

呼吸を変えて体の変化はありましたか？

もちろんです！正しく呼吸できる体になって、酸素が隅々まで行きわたるようになったので、以前は血色が悪く、くすんでいたお肌の艶がよみがえったし、なにより、朝起きると毎日体が重くてけだるかったのが、うそみたいに元気になりました！あと旦那さんにイライラすることも減りましたね（笑）。また、暴飲暴食が本当になくなりました。ダイエッター時代は、朝ごはんはバターコーヒー、昼ごはんはサラダチキンと春雨スープ、夜ごはんはお酒とおかし（おかしはどうしてもやめられなくて、夜ごはんを抜けばいいか！って思っていました…）。誰が見ても突っこみたくなるような、そんな食生活だったのですが、食べる量を減らしていると、どんどん代謝が落ちてやせにくくなるし、ある日突然暴食に走ってしまうんですよね。その結果、プラスマイナスゼロに。むしろ体に負担がかかり、精神的にもマイナスのほうが大きい。栄養もたりていないし、ひどい便秘（薬を飲んでも出ないほど）だったし、大切な人との食事の時間もカロリーが気になり、心から楽しめていなかったので、毎日なんだがギスギスしていまし

た。また、ボディラインでは、もともとひどいO脚だったのが、まっすぐになり、寸胴で幼児体型だったおなかまわりも、くびれができて自信が持てるようになりました。以前は考えられなかったのですが、フィットネスウエアで近所を歩けるようになったのは、体が変わって自信がついたなによりの証拠かと！ずっと海外の人みたいに、フィットネスがライフスタイルの一部になって、フィットネスウエアで街中を歩くことにあこがれていたんです。

自分の体と向き合い
〝気づく〟ことで変わることができた

一日の過ごし方で大切にしていることは？

夜寝る前と、（余裕があれば）朝のストレッチの時間です。私にとってストレッチは、ただ体をほぐすだけの時間ではなくて、意識を自分に向けて内省する時間でもあります。その日気づけていなかった自分の感情と向き合い、「こんなことあったな～」「こうすればよかったな～」「じゃあ明日からどうしたらもっとよくなるかな？」ってネガティブを引きずるのではなく、必ず「じゃあどうしたらよいかな」までをセットで考えるんです。そんなことを繰り返しているうちに、毎日がよりよいものになって、今ではこうして夢だった本の出版までできました。夢とか、目標ってなんだか大きなもののように見えてしまうけれど、日々、最良を選ぶことの繰り返しだと思います。その最良の選択をつくってくれる時間が、私にとってはストレッチの時間なのです。

理想の身体とは？

ここではあえて〝身体〟、メンタルも含めた意味での体についてお話しさせていただきたいのですが、私にとっての理想の身体は、〝心も体も満たされていてご機嫌な状態〟です。会社員時代にメンタル面で思うようにいかなかった経験があるからこそ思うのですが、心と体って本当につながっています。例えば誰もがうらやむようなボディラインをしていても、心が健康じゃないと、理想を求めるばかりで、それってやっぱり本質的な美しさとはいえないと思います。だからこそ、毎日の中で自分を過度に否定することなく、〝大丈夫、ダメな自分も私だよ〟って受け入れられるメンタルとフィジカル的なしなやかさが理想の身体かなと思います。

偉そうなことをいっても、私もまだまだなんですけどね。日々生徒さんと一緒に成長させていただいています。これからも自分のペースで、自分の理想へとコツコツ歩んでいきたいです♡

Re-bone

骨格から身体を変えて ご機嫌な私に生まれ変わる。

ABOUT

骨格から身体を変えるボディメイクスタジオ

Re もとに戻す ＋ **bone** 骨

骨をあるべき位置に戻すことで、本来のご機嫌な自分に生まれ変わる。
そんな想いから誕生したのが、Re-boneです。

オンラインレッスン

週ごとに部位を変えたライブレッスン、気分で選べるショート動画や、毎月の課題動画など、さまざまなコンテンツをお届け。確実に身体が変わると話題のレッスンをご自宅で。

Mama Re-bone Project

産後の方を対象にした3か月の集中オンラインプログラム。産後特有の身体のゆがみや不調を、出産経験ありのトレーナーが寄り添いながら、産前よりも美しい状態に変えていきます。

スタジオレッスン

グループレッスンとパーソナルレッスンの2つからお選びいただけます。姿勢を変えたい、やせたい、引き締めたいなど、理想の身体に向かって、Re-boneのメソッドで身体を変えたトレーナーがていねいに指導します。

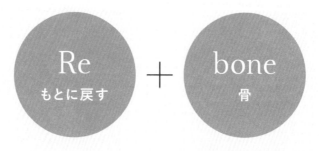

Yori

Profile

Re-bone代表兼トレーナー。10代からダイエットに縛られ、ボディメイクがうまくいかなかった経験から、解剖学、ピラティス、整体などあらゆる分野の知識を深める。身体づくりのベースは“骨格を整えること”だと気づき、“どんな方でも身体を変えられる”ことを大前提に、Re-boneを立ち上げる。立ち上げ直後からレッスンは満員になり、累計7,000人以上の身体を変え、多くの女性から支持されている。現在はレッスンを行いながら、ご機嫌な女性を増やすためにトレーナー育成にも努めている。間違ったダイエットやボディメイクで苦しめられている人を救うため、精力的に活動中。

ホームページ　https://re-bone-style.com

LINE　https://line.me/R/ti/p/@963iijdt

Instagram　https://www.instagram.com/yori_mindbody/

著者紹介

Yori（ヨリ）

ボディメイクスタジオRe-bone代表兼トレーナー。CAとして働くも不規則な生活から心身のバランスを崩し挫折を経験。その後女性の健康に纏わる仕事がしたいと、トレーナーに転身。筋トレやピラティス、整体などのメソッドに触れながら自身が“The運動音痴”だったことから、どんなに身体がかたく、運動嫌いな方でも身体の変化を感じることができるコンディショニングをベースにしたボディメイクメソッドを考案。自身の経験をもとに、身体づくりを通して、心と身体の健康の大切さを発信している。

STAFF

デザイン　潮田真樹子
撮影　新井章大
ヘアメイク　陶山恵実（Roi）
イラスト　山中玲奈、とだ
衣装　Style Boat Market（表紙などのパンツ）、ほか私物

息《いき》するたびにキレイやせ！　ブレストレッチ

吸《す》って吐《は》いてカラダのサビとり！

2023年2月16日

著　者　Yori
発行者　山下直久
発　行　株式会社KADOKAWA
〒102-8177 東京都千代田区富士見2-13-3
電話 0570-002-301（ナビダイヤル）

印刷所　図書印刷株式会社

お問い合わせ
https://www.kadokawa.co.jp/「お問い合わせ」へお進みください。
※内容によっては、お答えできない場合があります。
※サポートは日本国内のみとさせていただきます。
※Japanese text only

定価はカバーに表示してあります。

ISBN 978-4-04-605889-8 C0075